Ⓢ新潮新書

辻 芳樹
TSUJI Yoshiki

# 和食の知られざる世界

JN264913

550

新潮社

# 和食の知られざる世界——目次

# 序　章　和食の驚くべき広がり

## ニューヨークの街角にて

私がしばしば仕事で訪れる、ニューヨーク・マンハッタンの南西の一角「トライベッカ」。

ニューヨークで芸術家やデザイナーが住むおしゃれな街としては、七〇年代に登場した「ソーホー」が有名だが、八〇年代以降は、そういう人たちのライフスタイルに憧れたお洒落で富裕な若者たちも移り住むようになり、その地区の地価が値上がりしてしまう。そのため、駆け出しの芸術家やアーティストたちはさらに南に避難して、「トライベッカ」と呼ばれるこの一帯にアトリエや事務所をもつようになった。

名前の由来は「キャナル・ストリートの下の三角地帯」(Triangle Below Canal)。そもそもは地味な倉庫が広がる一帯だったが、一九九四年にこの地域出身の映画俳優ロバート・デ・ニーロと、いまや世界でレストランを経営する松久信幸さんが共同経営するレストラン『ノブ』が出店したころから、俄かに脚光を浴びはじめた。

二〇〇一年の九・一一以降は、そこからの復興を願ってデ・ニーロやジェーン・ローゼンタール、クレイグ・ハトコフらが呼びかけ人になって「トライベッカ映画祭」が開催されるようになった。この映画祭は、これまでに約四〇〇万人がつめかけ、経済効果は七・五億ドルと言われる大イヴェントとなっている。

様々なジャンルで世界の最先端の流行が生まれる街として有名なニューヨークにあっても、とりわけ感覚の鋭いアーティストや芸術家が好む街、それがトライベッカなのだ。その街で、いま私たち日本人が驚くような光景が展開されている。驚くべき速度と浸透力で、「和食」がこの街を席巻しているのだ。

埼玉県出身の材木屋の三男、松久信幸さんが経営する『ノブ』は、この地の有名店となって久しい。松久さんは高校卒業後、新宿二丁目にある『松栄鮨』で七年間修業を積み、店の常連だったペルー人に誘われて海を渡る。その後はブエノスアイレス、アラスカ州などで自らの店を開業しては失敗したり、人の店で働いたりしていたが、満を持してロサンゼルスに開業した『ＭＡＴＳＵＨＩＳＡ』で才能が開花。三年目に「ザガット・サーベイ」に掲載されて高評価を得るほどまでになった。

私はロサンゼルス時代のこの店で食事をしたことがある。白木のカウンターにテーブル席が数個あるだけの、小さな店。当時の松久氏の料理は、寿司が出てくる前に「お通し」系の小皿が何品も並ぶのが印象的だった。酢味噌や黄身酢を使った山菜の和え物や、貝類を上手に塩茹でした一皿等、いずれもその日その時採れたアメリカ産の旬の食材を使い、お客様の好みに合わせた料理を即席でアレンジしていた記憶がある。

その評判を聞きつけて店にやってきて、松久氏の料理の大ファンになったのが、デ・ニーロだった。松久氏の人生は、デ・ニーロのひと言で大きく変わる。

「ニューヨークでレストランを共同経営しないか」

デ・ニーロはトライベッカへの進出を進言。そこから『ノブ』の快進撃が始まったのだ。

『ノブ』はトライベッカで世界のセレブたちの認知を得た。その結果、いまやロンドン、ミラノ、もちろん東京、そしてダラスやバハマにも計三〇店近く出店し、グループの年商は二〇〇億円を超える巨大レストランチェーンとなっている。

ただし、ここで私がお話ししたいのは『ノブ』のめざましい成功についてではない。トライベッカにある和食店は『ノブ』の威光の陰で火が消えているかというと、そうではない。むしろ、『ノブ』の勢いを凌駕するほどのパワーで、多くの和食店が軒を並べている。その事実こそ、私が着目したい点である。

キャナル・ストリートを数ブロック歩くと、『ニンジャ・ニューヨーク』『たかはち』

『ロサンジン』『スシ・オブ・ガリ』『エン・ジャパニーズ・ブラッセリー』『シグレ』『すし麻布』『タカタカ』『メグ』といった寿司屋や和食の繁盛店が、ネオンの灯を競うように並んでいる。二〇一一、一二年にはミシュランの二つ星に輝いた精進料理『嘉《か》日《じつ》』があるのもわずか数ブロック先だ。

いずれの店も夕方の（一六時が多い）開店から深夜の閉店まで、ほぼ客足は途絶えない。ウエイティングラウンジでは、多くのニューヨーカーがカクテルを飲みながら談笑し、店内に入ると白木のカウンターで日本人の職人が手つきも鮮やかに寿司を握っている。店内のお客様の誰もが、堂に入った箸の使い方を心得ている。

さして広くはないトライベッカ一帯に、こんなにも多くの「和食レストラン」が並んでいる。その様は、まさに「群雄割拠」。けっして『ノブ』の一人勝ちではない。価格帯も五〇ドルから一五〇ドルまで、客層も若者からセレブまで、店のポリシーも純然たる「寿司屋」から私たち日本人がみると「居酒屋」以外の何物でもないような店まで、実に多彩だ。しかもこれらの店に佇んでいるだけで、世界から集まるセレブたちやニューヨーカーの趣味、嗜好が手にとるようにわかるのだから、私は、何日ここに滞在していても飽きるということがない。

この一帯だけを見ていても、和食の世界的ブーム、和食が世界の大都市を席巻しているのだということを、実感しないわけにはいかないだろう。

### なぜ爆発的人気なのか

最近のデータを見ても、「和食」の世界的な広がりは驚くほどだ。むしろ日本人の方がこの実態を知らないといってもいいだろう。『日経ビジネス』(二〇一三年七月一五日号)には次のようなデータが紹介されている。

「世界の日本食レストランの数は、この三年で二倍近く(三万店が五万五〇〇〇店に)増加」

「従来の寿司だけでなくラーメン、カレーなどにもすそ野が広がる」

「好きでよく外食する外国料理は?の質問に、イタリアと中国では四分の一の人が『和食』と答え、韓国、フランス、香港でもナンバー一」

「二〇〇二年時点で二・二兆円だった日本食の市場規模は、二〇二〇年には最大六兆円に」

様々な業界で「ガラパゴス化」「衰退化」が言われる日本経済にあって、まさに「食」

だけは別世界の勢いなのだ。

では、その躍進の秘密はどこにあるのか。子細にこの状況を見ていくと、一つのトレンドがあることに気づく。

それは、世界の大都市に生まれている和食レストランの経営者は日本人ではなく異文化の人が多いという点、そして、日本人に違和感のないテイストの店であって、かつ外国人に受け入れられるメニューを開発している店が増えているという点だ。

トライベッカ界隈の和食レストランでも、『ノブ』を除けばあとは外国人単独経営の店が多い。店の名前を見れば、日本人の感覚とはかけ離れているから一目瞭然かもしれない。イギリスでは、回転寿司の最大手『ヨー！スシ』の経営者がイギリス人だ（前掲、日経ビジネス）。二〇一三年六月、ロンドンの飲食業界の話題は、このチェーン店が発売した「ライスバーガー」の大ヒットだった。発売一週間で一万個を売り上げたこのヒット商品の中味は、「キムチ風味のサーモン」「コリアンダー風味の豆腐」等、日本人の味覚や食感、想像力からはなかなか生まれてこないものばかり。この辺にも、外国人の経営するレストランの特徴がよく表れている。

こうした店名やメニューを見ると、日本の方は眉をひそめるかもしれない。しかし、実際に店を訪れてみるとわかるのだが、最近の和食レストランの最大の特徴は、かつてのように「外国映画に出てくる典型的な古くさい日本のイメージを押しつける」ものではなくなっている。赤い壁、提灯、富士山の絵、着崩した着物のウエイトレスといった、西洋人お得意の中国と日本の区別がつかないワンパターンではなく、世界の最先端をいくお洒落な内装で、「和食レストラン」で働くことに誇りを持ったアメリカ人の店員たちがスマートにきびきびと働いている。料理の内容や食べ方の質問に対しても、彼らはアルバイトでありながらきちんと説明できる。ことサービスに関しては、日本にあるレストランの方が学ぶことも多いくらいだ。

『ヨー！スシ』の開店は一九九七年。ローリング・ストーンズの公演の照明マンだったイギリス人が、日本にツアーで訪れた際に、回転ベルトの上を寿司が廻る「回転寿司」に魅了されたのが始まりとか。つまり、最近のトレンドは、「東洋のエキゾティシズム」としてのジャパンではない。ソニーやホンダ、トヨタ等の最新工業技術や、マンガ、ニンテンドー、アニメ等の世界が憧れるサブカルチャーが生まれた「クールな」国としてのジャパンを認知する世代が生んだ「和食ブーム」なのである。

## ロンドンのチキンカツカレー

とはいえ、彼らが憧れたのは日本の技術でありサブカルチャーなので、こと「味覚・食感・食材」に関しては純和風というわけにはいかない。そこが異文化間の食文化交流の難しいところでもある。

例えば、ロンドンで『ヨー！スシ』グループの対抗馬として、寿司以外の日本食を提供して注目を集める『ワガママ』グループ（経営者は香港出身）では、「チリ・ビーフ・ラーメン」が人気だという。スープは薄味で温《ぬる》く、麺は柔らかい。トッピングは牛肉、コリアンダー、チリ、ライム等で、私たち日本人にとっては、むしろベトナム料理の「フォー」に近い印象だ。もう一つの人気料理「チキンカツカレー」も、名前からは日本風のカレーを想起させられるが、味付けはかなり刺激的。スパイスが舌にじんじん響いてくると評判だ。

もちろん、読者の中には「こんなの和食とはいえない」と思うかたもいらっしゃることだろう。日本という共同体の内側から見れば、それは十分に理解できる。けれど味覚の世界地図を描くとすれば、世界の視線としては、日本人が「こんなの……」という料理もやはり和食の領域に含まれる。現在の世界にあっては、これが現実。異文化の味覚・食感からすれば、これでも十分に和食の一種とされているのだ。

そうであるなら、日本という限られた領域の中から「和食」を叫ぶのではなく、広い世界の中での「和食」の存在を考えなければいけない――これが私の見解であり、本書の主張でもある。

## 異文化の人の憧れ

本書でこれから詳《つまび》らかにしていくが、そもそも現在の和食ブームは、日本人の料理する和食が世界に大々的に「発信」されて広まったのではない。もちろん、その努力が各地で行われていることは十分に知っているが、残念ながらその効果が十全に現れた結果とはいえない。むしろ日本以外の「異文化の人々」の味覚や食感が広がり、和テイストの味付け、食材、料理方法等に馴染んでくれた結果なのである。

そして、その「広がり」を生んだ理由は、日本人の努力というよりは、むしろ異文化の人々の日本に対する憧れであったり、「低カロリーでヘルシー」という和食の持つ効能を評価してくれた結果であったり、長い歴史を持つ日本という文化への畏怖の念であったりすると私は思っている。

なぜそう思うのか。それは、私自身が「異文化の人が和食を口にした瞬間のとまどいの表情」に、嫌というほど出会ってきたからだ。

私は一九六四年、大阪で調理師専門学校を経営する両親のもとに生まれ、父・辻静雄の教育方針により、一九七六年、一二歳の時からスコットランドのパブリックスクールに入学した。まるで映画「ハリー・ポッター」に出てくるようなゴチック様式の寮で生活した経験を持つ日本人は、当時は少なかったはずだ。

以降二七歳で帰国するまで、私は一五年間にわたってイギリスとアメリカで生活し、学生仲間、一般の家庭人、ビジネスマン等、さまざまな外国人が和食と出会う瞬間に立ち会ってきた。それ以前の少年時代にも、父が学校に招く外国人料理人やジャーナリストとともに和食のテーブルを囲んできたし、帰国してからも、辻調理師専門学校の校長として数多くの外国人と食事を共にしてきた。

トータルで考えれば、七〇年代半ばから今日までおよそ四〇年間、「異文化の中の和食」を見てきたことになる。

その間、世界の中の和食の存在、評価、ポジションは大きく変わってきた。それは驚くべき変化だった。その変わりようを見続けてきたのが、私の人生だったと言っても過言ではない。

そして、そういう人間からすれば現在の和食ブーム、それも日本人にも違和感のないテイストが世界的に受け容れられるようになった現状は、まさに隔世の感がある。そんな時代が来るとは、到底思えない時期が長かったからだ。

まずは私がイギリスに渡った七〇年代半ば、異文化の人たちは和食をどう思っていたか。それと出会うとどんな表情をしたか。忘れようにも忘れられない私の最初の「異文化×和食」体験から記してみよう。

## ひたすら「恥ずかしい」和食体験

留学して一年たった一三歳のころのこと。私の現地での保護者（ガーディアンと呼ぶ）のエマニュエルさんご夫妻が、私をロンドンの和食店に連れていってくれたことがあった。その一年間、私は語学を学んだり現地に溶け込んだりするのに夢中で、和食を食べる機会がなかった。子どもだったので、いまほど「和食が恋しい」と思うこともなかったのだが、エマニュエルさんは私のことを不憫に思っていてくださったのだろう。

ある日、当時ロンドンで邦人に人気ナンバーワンの、ある和食店に席をとってくれたのだ。それは、寿司でも天ぷらでもお椀でも何でも揃っている店だった。

いまから考えれば、そのスタイルの和食店は、六〇年代に本格化した日本企業の海外進出と共に、ロンドンだけでなく、ニューヨーク、パリ、ロサンゼルス、デュッセルドルフ等に作られた「日本人駐在員向け」のレストランだった。とにかく和食の「専門料理」(寿司、天ぷら、蕎麦、うどん、焼き鳥等々)が何でも揃っているのだから、私は「アリス・イン・ワンダーランド」状態。一〇代の食べ盛りでもあったので、がむしゃらに何でも注文したくなった。

ところが、メニューを見ながら「はっ」と気づいたことがある。

その日の会食は、エマニュエルさんご夫妻がお金を支払ってくれることはわかっていたのだが、ご家族にとっては和食初体験の場。だから、私があれこれサジェッションしながら彼らの希望を聞き、オーダーしないと食事が始まらないのだ。もちろん「希望」といっても、ご家族には料理の名前を言っても何が出てくるかわからないから、これなら食べられるだろう、これなら気に入っていただけるだろうと私がイメージしながら、料理を説明しつつオーダーしなければならない。

そんな場は、私にとっても初体験だった。レストランで自分が食べたい料理を頼むのではなく、相手が喜んでくれる和食を頼まないといけない。それはたとえて言えば、レストランにいながらにして、突然胸に日の丸のついたユニフォームを着せられて競技場に立ったような気分だった。

その時、私の中にわき上がってきた感情は、ひと言でいえばこういうことだった。

「恥ずかしい――」

エマニュエルさんご夫妻を前にして、なぜか私は気恥ずかしい思いに苛まれたのだ。

**満足させられるメニューがない**

エマニュエルさんご夫妻は、私の父が深く尊敬しているレストラン・オーナーだった。

そもそものご縁は、奥様のキャロルさんが、一七歳のころからフランスのヴィエンヌにある当時世界で最も偉大なレストラン『ラ・ピラミッド』で働いていたことに遡る。

奥様の実家はイギリスで一番大きなシーフードレストラン・チェーン『ウィーラーズ』を経営されていて、ご主人は婿養子だった。

キャロルさんのお父様が親しくしていたのが『ラ・ピラミッド』のオーナー、マダム・ポワンだった。その店は若き日のポール・ボキューズやトロワグロ兄弟が修業した店として知られ、世界随一の料理とサービスを提供していた。そのオーナーであるマダム・ポワンに対して、お父様は「娘を預かってくれ」と託したのだという。キャロルさんは『ラ・ピラミッド』でサービスの研修を積み、その成果をもって帰国して、やはり実家が経営するフレンチ・スタイルのオーベルジュ（旅籠《はたご》）『ザ・フレンチ・ホーン・ホテル』のサービスを向上させる。

私の父もまた、母と結婚して調理師学校を開校するときに、人づてに『ラ・ピラミッド』とマダム・ポワンを紹介され、以降毎年のようにヴィエンヌに通い、フランス料理のなんたるかを彼女から手取り足取り教えてもらったという経緯があった。

父は、息子の私をイギリスに留学させるときに、マダムに「イギリスに預けるとしたらガーディアンを頼むのは誰がいいだろう」と相談したそうだ。そのとき返ってきたのが「エマニュエル家にお世話になりなさい」のひと言だったとか。

そこから、父とエマニュエル家の交流が始まったのである。

ところが、それだけ食におけるプロであり、食文化に対する興味・好奇心の強い知識人一家であっても、和食を食べるのはこのときが初めてだった。ロンドンで和食のレストランに入ることすら、初めての体験だという。いまから約四〇年前、七〇年代の欧米においては、和食はそのような存在だったということの証左だ。

その和食店で案内された席に着くと、エマニュエルさんは私ににっこり微笑みかけながら「メニューから料理を選んでごらん」と言った。席に着いたのは、ご夫妻と、当時九歳と一〇歳のお子さん。一三歳の私は、この四人を満足させる料理を選ばないといけないことになったのだ。

そのとき、私の中でわきあがってきたのは「恥ずかしい」という気持ちだった。その感情の由来をたどってみると、「おそらく何を頼んでも目の前のこの四人を満足させることはできないに違いない」という、絶望にも似た気持ちだった。つまり胸に日の丸をつけて競技場に立ってはみたが、自軍を振り返ると、そこにいたのは二線級の選手たちばかり。どうみても勝ち目はないなとわかってしまったのだ。

なぜそんなことを思ったか。

私は八歳のころから、父の味覚教育の一環として『高麗橋吉兆』に連れていってもらって、当時はお元気だったご主人の湯木貞一さんがつくる、最高水準の懐石料理をいただいていた。お椀の蓋を開けたとき、もわっと立ち上る出汁《だし》の香り。お造りの美しさと新鮮さ。それぞれの具に絶妙にお出汁が滲《し》みた煮物のバランス感覚や、絶妙に火の通った焼き物の美味しさ。それらは、幼少のころから自分の舌で感じ、味覚の記憶として脳裏にしっかり残っていた。まさに和食の日本代表の味は、そのとき覚えたものだったのだ。

けれど、これからロンドンで始まろうとしている和食は、どうみてもそのレベルからは差がある。子ども心に、日本と同じ食材があるとは思えなかったし、店内の雰囲気も『吉兆』とは全く違っていた。ここでどんな和食を出されても、目の前に座るイギリス人には通じまい。しかも、その一年間毎日食べていたスコットランドでの食事を考えると、そもそも味も食感も食材の使い方も和食とはあまりに違いすぎる。

この瞬間、初めて私は日本の食文化と欧米のそれとの絶望的なまでの距離感に気づいたのだ。

**会話もはずまない貧しいテーブル**

「生魚は食べられますか？」

恐る恐る聞いてみた。案の定、四人は当然のように「ノー」。

「焼き魚は食べたいですか」

「――――?・?・?・」

「お椀は食べたことがありますか」

「ノー」

しばしそんな会話が続いた。

あとから振り返れば、その店は「西洋人がイメージする日本的なるもの」「東洋趣味のデザイン」に満ちていた。壁には提灯がずらりと並び、照明はピンク、床には赤絨毯。欧米人が想像する「東洋のエキゾティシズム・ジャパン」が具現化された店だったのだ。料理もまた然《しか》り。何を頼んでも「～のようなもの」が出てくるに違いない。本物の和食が出てくるはずもない。一三歳といえども、そのことはわかっていた。だから一層、エマニュエルさん一家の反応が手にとるようにわかってしまい、胸に日の丸をつけた私は「恥ずかしい」気持ちで一杯になってしまったのだ。

それだけではない。その頃すでに私は、父に連れられてフランスでも数々の星付きレストランで大人に混じって食事をしていたから、レストランにおいて、どのような食の風景が展開されるか、イメージすることができた。

――あの料理が出てきたらあの人は大喜びするだろう。そのときこんな話題を振ったら、さらに座は盛り上がる。仮にあの人があの料理に馴染まなかったら、すぐにこうフォローしよう。次の料理が出てくれば、すぐに雰囲気は変わるはずだ。

食事の場のホストたるもの、そのくらいの予測と準備をしておくものだと、日頃から父に無言の訓練を受けていたのだ。

ところがこの日は、その訓練が裏目に出てしまった。なぜなら、なにをどう想像しても、この四人の家族を喜ばせることはできないことが、あらかじめわかってしまったのだから。

まずいな——。

料理が運ばれる前から、私は一人暗くなってしまっていた。そんな気持ちを知ってか知らずか、四人はいつも以上に明るく振る舞っていた。その態度までが、私のことを慮ってくれているのではないかと思えてきて、余計に暗くなる私——。

もちろん、オーダーするときは、可能な限り各人の嗜好にあう料理を選ぶべくベストをつくした。そのときの思考経路は今でも記憶している。

ご主人のロニーさんは、お義父さんから継いだ『ウィーラーズ』を経営していた。だから生ガキは普通に食べている。ならば魚の出汁のお椀はいけるんじゃないか。

一縷の望みを託して、私はまずお椀を頼んだ。フランス料理でもまずはスープから始まるのだから。

出てきたのは、うしお汁のような、澄まし汁だった。

四人は物珍しそうに、出てきたお椀を鷲摑みにして、蓋をとる。そして香りをかいで顔をしかめつつ、恐る恐る一口啜る。

その瞬間——、含んだ液体を吐き出さんばかりの表情になる。四人が四人ともその反応なのだ。およそこの世のものではない食べ物を口に入れてしまった（あるいは入れなければならなかった）人が見せる、苦々しい表情。

そうなることがわかっていただけに、私には余計に辛い瞬間だった。

そのとき私は、骨身に滲みた。

「外国人には出汁の味はわからないのだ」

あの味は外国人にとって、出汁の味としてなど認知されず、生魚臭い味と香り（というよりは臭い）なのだ。フランス料理にはフュメ・ド・ポワソンという魚の出汁があるが、これは通常ソースの土台として使われる。様々な食材を加えて重層的な味をつくりだすものだ。ところが和食の土台となる出汁は、それ自体の味や香りを重視し、素材そのものを生かす使い方をする。だから彼らにとってみたら、まるで火の通っていない魚の香りが液体から漂ってくることになり、面食らってしまう。それはありえない。あってはならない料理なのだ。

そこから先、彼らは一口も食べようとはしなかった。もちろんそんな彼らを前にして、私もまた一人で食べるわけにはいかない。どんなにお腹が空いていようとも。目の前に久しぶりの和食が並んでいようとも。ますます重苦しい雰囲気がテーブルを覆うことになったのだ。

## マダム・ポワンもボキューズも

そんな重苦しい雰囲気を味わったのは、実はそのときが初めてではない。留学する前の七〇年代前半のこと。フランスから招待したマダム・ポワンと（その鞄持ちで来てくれていた）ポール・ボキューズを、父が『高麗橋吉兆』に連れて行ったとき、私も同席していた。

強烈に覚えているのは、お造りが出てきたときに、あのマダム・ポワンが、こともあろうに生魚を食べたくないものだから、一番自分に近いところにあって親近感の湧く緑色の山葵《わさび》を、そっくりそのまま口に入れてしまったことだ。

母が、その箸の運びに気づいて「ああ、だめ」と言ったが一瞬遅く、マダムはぱっと口に入れてしまった——。

その後、マダム・ポワンは食事の間中、涙を流していた。一同、目を覆いたくなるようなシーンだった。

ところが父は、そんな絶望的な現実を前にしても、少しも怯《ひる》まない。会話の名手で、この状況が駄目だと思った瞬間に、別の話題で座の注意を引きつける。すぐに一同が集中できる話題を探すことにかけては、身内の欲目を抜きに、一種の才能を持った人だったと思う。その日は山葵のあとの二時間、ずっと父の独壇場だった記憶がある。

だが当時一三歳の私に、父のような芸当ができるわけがない。その和食店で私はせめて彼らが食べやすいのではないかと思って、天ぷらやとんかつ、揚げ物や肉料理を中心に沢山の料理をオーダーした。その中にはしゃぶしゃぶもあったと思う。

それらをどれだけ、どんなふうに彼らが食べたのか。それすら記憶にない。それほど私の目の前では、悲惨な光景が展開されたのだ。

最後に、ご飯と味噌汁をとったのは覚えている。いまなら、イギリス人も喜んでご飯を食べるはずだ。ところが当時の彼らは、ご飯も駄目。赤みその味噌汁も一口も啜れない。

極めつきは、デザートで頼んだぜんざいだった。甘いものだし、口当たりもソフトだから、少なくとも夫人とお嬢さんは楽しんでくれるのではないか。

そんな私の淡い期待は、ここでも粉々に砕かれた。

彼らは、餡《あん》こが全然食べられないのだ。レッドビーンズ（小豆）が甘いという味覚を全く受け付けない。

実はこれは、現在でも変わらない傾向にある。パリへ出店した老舗和菓子屋さんにとって、ネックはやはり餡こだそうだ。

いずれにしてもこれが、異文化と和食との遭遇を目撃した私の原体験となった。父からよく聞かされていた「異文化の壁の圧倒的な厚さ」を、身をもって知ったのだ。ロンドンでの悲惨な体験のあと、私の中の和食のイメージはすっかり固定化されてしまった。

異文化のなかで、和食は全く食べてもらえないもの。味覚も食感も食材の使い方も、当時世界標準だと思っていた西洋料理とは全く異なるもの。異質なもの。受け入れられないもの。異文化の中では、一三歳の子ども心にまさに「悲劇的な料理」――私にとっての異文化での和食の初体験は、そんなイメージを決定づけるものだった。終生忘れられない記憶になったのだ。

それが、いまから約四〇年前のことだ。あのときの体験から考えると、冒頭に記した世界における和食の状況は、ずいぶん変わったものだと感慨深いものがある。

## 和食はどこに向かおうとしているのか

本書執筆中の二〇一三年一〇月現在、世界的な和食の広がりとは別に、日本国内では和食文化の「ユネスコ無形文化遺産」登録が大きな話題になっている。様々な角度から和食に光が当たり、多くの日本人が和食に対して「故《ふる》きを温《たず》ねて新しきを知る」体験をしているようだ。もちろん私も、日本固有の文化である「和食」が、日本国内で再認識され、世界にも認められるのは喜ばしいことだと思っている。

ところが、その盛り上がりの中で、私たち日本人が知らなければならないことがある。

和食はいったいどこに向かおうとしているのか。

異文化に沸き起こったブームの中で、どんな変容を遂げようとしているのか。

その変化ははたして、私たち日本人が認められるものなのか。

さまざまな意味で、和食は世界に広まったが故に、今後変化変容を迫られる厳しい時代を迎えざるを得ないだろうと私は思っている。

本書は、そんな異文化の視点で和食をとらえ直し、「日本人が知らない世界の中の和食」を描こうとする試みである。

私たち日本人が愛おしみ育ててきた和食の、グローバルな未来とは——。

私自身のさまざまな経験、そして現在進行形の取り組みも交えながら、このことを考えていきたい。

# 第一章　「カリフォルニアロール」は和食か？

## 暗闇の中の料理

それにしても何故今日、異文化において「和食」はこんなにもブームになったのか。何がその理由なのか。本章では、そのことを探っていきたい。

私はある日あるとき、「和食は今後世界からこんなふうに評価され、広まっていくんだな」と気づかされる体験をしたことがある。それは、こんな光景だった。

東京の銀座の一角に、私が年に一二回（毎月一回）必ず通う懐石料理店がある（かなり独特な料理を出す店だが、広義には懐石料理の店。本書では、「和食」というジャンルの中に懐石料理や専門料理＝寿司、天ぷら等々＝を含むものとする）。

雑居ビルの二階にあるため、お客様たちは狭い階段を上っていかなければならない。立派なしつらえの店内は、二卓八人で一杯。その店が、毎月一日から二〇日まで（週末は休み）、一日三回転（昼二回、夜一回）、常に予約で一杯だ。二一日から月末まで休みなのは、翌月の料理の準備と新しい料理の試作、そして精神的リフレッシュのため。こうしたシステムをとっているからこそ、毎月、日本で最高の食材を安定的に確保できる。

店の大将と女将さんは、若いころ「月湘庵《げっしょうあん》」という尼寺で料理修業した経験をもっている。そこで座禅も経験し、仏教的な精進料理の基礎も学び、仏事の季節感も会得したという。だからここで展開される料理は、懐石料理の枠組みを超えてまさに自然と一体化しており、店の空間自体が、自然の中に人間が迷い込んだような仕掛けになっている。

例えば今年の七月に訪ねたときの様子を再現してみよう。入り口の扉を開けると部屋の中は真っ暗だ。私はすでに約一〇年間この店に通っているので、「ああまたこの季節がやってきたか」と夏の到来を再確認しただけだが、初めてこの店にやってきた人は「停電か！」と驚くのではないだろうか。

その暗闇の中から、「どうぞこちらです」という声と共に、女将さんの腕がひそやかに伸びてきて、お客様は手を引かれてその空間に導かれる。手さぐりで席に座って目を凝らすと、テーブルの上にポツポツとなにか光るものがある。じっと凝視してみると、光の正体はこんもりと盛られた小枝の中にいる蛍の群れだ。

「今日、伊豆の河津から運ばせました。毎年蛍のシーズンが変わるので、来年またこの日にできるかはわかりません」

女将さんにそう言われて初めて、それが古《いにしえ》からの夏の「遊び心」であり、「風流」であることに気づく。心憎いまでの「演出」である。

やがて電気がついて料理が始まると、女将さんはクーラーのスイッチを切り、背後の窓を開ける。窓から銀座のコンクリート越しの熱気がむっと室内に流れ込んできたところに運ばれてくるのは、冬瓜、キュウリ、賀茂なすといった、「身体を冷やす効能」のある野菜たちばかり。

例えばキュウリは、お造りのあしらいとして出されるのだが、その皿は氷水に浮かんでいて、食べる前にお造りもキュウリも全てそこに浸して冷やす。「洗い」のようにして食べさせようというのだ。その氷水に指先を浸したときの涼感は他にないものだ。クーラーで室内を冷しながら「自然の食材をいただく」などと公言していることが、気恥ずかしくなるような瞬間でもある。

キュウリも冬瓜も賀茂なすも、生産地と収穫時期を厳選し、この日このタイミングでないと食べられないという貴重な食材ばかり。それを大将が、まさにその味覚や食感を最大限生かすような調理法で私たちに提供してくれている。

その見事さ以上にお客様の心を動かすのは、自然の中に自らを晒すように身を置いて、食材が持っている効能を最大限に生かしながら食事をいただくというのが、私たち日本人が持っている食文化の最大の特徴なのだという事実である。

もちろん大将の包丁さばきも素晴らしいの一言に尽きる。切れ味が鋭く、手つきも速い。かつらむきにされた大根の光沢ひとつとっても素晴らしい。彼ほど綺麗なかつらむきをする料理人は、世界で見たことがない。

その料理技術を最大限に生かしているのは、たった二卓八人しか入れないという店の規模にも理由がある。調理場にはわずか三人。ガスコンロは四つ。調理場自体、普通の家庭のキッチンほどの広さしかない。それでも手早く仕事ができるのは、店のこの規模を死守しているからだ。

つまりこの店の大将は、自分の料理の世界観をしっかり持っている。それを表現するためには、いたずらに広い店、大きな調理場があっても駄目で、二卓八人、料理人三人という規模があっていると分かっている。

これは、世界の中で私たち日本人が持っている「ミニマムの世界観」の象徴という以外ない。

## 土の中から生まれた料理

その店に私は、のちにニューヨークに共同で懐石料理店『ブラッシュストローク』を開くことになるアメリカ人シェフ、デイヴィッド・ブーレイさんをお連れしたことがある。

ブーレイさんは、若い頃にフランス料理を学ぶためにフランスに渡り、ロジェ・ヴェルジェ、ポール・ボキューズ、ジョエル・ロビュション等の巨匠のもとで修業を重ねた。帰国してニューヨークのトライベッカ、デュエインストリートの小さな公園の近くに『ブーレイ』を出店すると、「美味しいものをちょっとだけ、そしてたくさん」というコンセプトであっと言う間に超人気店となる。現在、全米を代表するフランス料理のシェフであり、フランス料理の王道をいく料理人の一人といって間違いない。

彼をこの店に連れていったとき、私は初めて、素直に和食の出汁に美味しいと感動する西洋人を見ることになった。ブーレイさんは一口その椀を啜ると、しばらく絶句して何も言葉を発しなかった——。間違いなくその店の大将がつくる椀物の出汁に心から感動して、それを表現する言葉を探して無口になっていたのだ。

それまで私が体験した和食の出汁は、決して西洋人には認めてもらえないものだった。昆布と鰹節で勝負する若手の天才的な料理人がいたとしても、非常に研ぎ澄まされたその味は、日本人にしかわからないものだと思っていたのだ。例の少年時代の強烈な「異文化での和食体験」があるので、どんなに表面的にその味を褒める西洋人がいようと、それはお愛想だとしか思えなかった。事実このとき私はブーレイさんを何軒かの懐石料理店に連れていったのだが、こんな真剣な表情になることはなかった。

ところがこの店の大将がつくる出汁の味は、ブーレイさんを素直にひれ伏させる力を持っていた。いや、ブーレイさんに限らず世界中の誰が食べても、「美味しいな」と思わせる味になっていたのだ。

その料理を味わい感動し、しばし後、ブーレイさんはいみじくもこう言った。

「今まで食べてきた和食は、『料理されたもの』だった。でもこの店の料理は、そのまま土の中から出てきたもの。自然の素材をそのまま食べたような感じがする」

それまで私自身も、この店の料理の魅力や素晴らしさをなんとか表したくて、さまざまな言葉や表現を模索してきた。けれど、異文化の感性に根ざしたブーレイさんのひと言で、見事にその本質を言い当てられてしまった気がした。そこには、東洋も西洋も超えた料理の「世界共通言語」があった。

――これからは、この言語を磨いていけば、和食の食材も技術も季節感も、和の世界にとどまることなく西洋料理にも影響を与えることができる。今まで以上に、和食の技術や食材が使われることになる。和食の文化と西洋の料理文化は、これからますます融合していくことが可能になるだろう。

ブーレイさんの言葉を聞いた瞬間、私はそう確信したのである。

## カリフォルニアロールの出現

現在の世界の料理界を流れる大きな潮流を見ると、フランス料理にしてもイタリア料理にしても、あるいはその他の西洋諸国の料理にしても、共通点がある。味覚の簡素化、量(ポーション)の少量化、カロリーの低減化である。その口火を切ったのは、一九六〇年代後半からフランスの料理界を席巻した「ヌーヴェル・キュイジーヌ・フランセーズ」(新しいフランス料理)だった。ポール・ボキューズら当時の新世代の料理人たちは、料理の簡素化、素材の尊重、軽さの追求を推し進めた。それまでソースの繋ぎに使っていたルー(小麦粉をバターで炒めたもの)は追放され、代わって仕上げにバターや生クリームを加え、軽い口当たりにした。ボキューズが謳った「市場の料理」、つまりシェフ自らがその日市場で選んだ新鮮な食材でつくる料理は、この潮流の象徴となっている。

そして七〇年代になると、その「簡素化」の流れはアメリカ西海岸に及ぶ。食材の生産そのものから見直し、アメリカに食の「革命」を起こしたと言われる女性料理人アリス・ウォーターズが先駆けとなり、「カリフォルニア料理」として流行した。彼女が唱えたカリフォルニア料理の哲学は、今も食育の原点としてアメリカ国内で受け継がれている。

しかし、いつしかその考えを表面的になぞっただけの「軽い」料理が現れ、技術的本質が失われた側面があったのも事実である。ボキューズさんはかつてこう言って、カリフォルニア料理を揶揄したことがある。

「なぜクロッシュ（料理皿にかぶせる銀の蓋）が流行るかわかるかい？　なぜなら、カリフォルニア料理の皿にはあれを被せないと、料理が軽すぎて飛んで行ってしまうからだよ」

そうした「軽さ」への志向の中から登場した、変わり種の和食の一つが、「カリフォルニアロール」であった。

西海岸で、一人の日本人料理人が「アメリカ人に生魚を食べさせるのは難しいから、現地にある食材と調味料で巻き寿司をつくってみよう」と思いつき、アボカドやレタス等の葉物の野菜をマヨネーズで味付けして、海苔を内側に巻いて食べるスタイルを提案した。これがカリフォルニアロールの始まりである。

——寿司にマヨネーズ？　ありえない！

当初の日本人の反応は、たいてい否定的だったと思う。

ところが、これが西海岸の若者たちやビジネスマンたちには受けた。低カロリーでヘルシーというイメージが広まり、西海岸の寿司屋では必須アイテムになっていく。ついには日本に逆上陸し、渋谷や原宿界隈の若者向けのレストランに登場して、今では回転寿司の定番にまでなっている。

それ以降、欧米ではひたすら目新しい「軽さ」「ヘルシーさ」が求められてきた。もっと軽く、もっとヘルシーに、という要求に応えるにあたり、ついに西洋料理の既成の技法では、「料理の簡素化」を追い求めるには限界がきてしまった。味を薄くしたり、バターを少なくしたり、塩を薄くしたり、煮詰めるのを軽くしたりする作業をここ数十年やってきて、行き着くところまで行ってしまった西洋料理は、ある一線までくると「味がなくなってしまう」というところまできてしまったのである。

そこで八〇年代以降、注目を集めるようになったのが、和食のレシピ、技、食材、そしてそれらの使い方だった。マヨネーズを使った寿司ではなく、本格的で伝統的な和食の知恵である。

それまでの西洋料理にはない出汁の取り方や使い方、味付けの仕方、食材の扱い方、食材の生かし方、料理の発想、アイディア等々。ブーレイさんが言うところの「土の中からそのまま生まれてきた料理」の魅力に世界が目を向けるようになったのだ。

その意味で、世界の料理界の潮流は、間違いなく「和食」に向かいつつある。冒頭、ニューヨークのトライベッカでの和食レストランの隆盛を記したが、それは決して特殊な状況ではない。世界中の料理人たちの興味は、和食に向いているのだ。

## 第一世代との違い

もちろん、フランス料理等の偉大なシェフたちが日本の料理文化と遭遇したのは、昨日今日の出来事ではない。

東京五輪の直前、一九六二年にオープンしたホテルオークラでは、オープン初期からフランス人料理長がいたし、一九六六年にオープンした銀座『マキシム・ド・パリ』にも、初代料理長としてピエール・トロワグロ氏が迎えられている（フランス・ロアンヌにある『トロワグロ』は当時二つ星、その後三つ星を半世紀守っている)。彼は約四カ月の滞在中、オーナーだった盛田昭夫氏(当時ソニー副社長)に連れられて、様々な和食を味わっていったと言われている。七〇年代になると、帝国ホテルやホテルニューオータニ、大阪のロイヤルホテル等でも積極的にフランス人シェフを招いた料理フェアを行い、そのたびに来日したグラン・シェフたちは、日本の食文化を味わいながら学んでいたはずだ。同時期に私の父・静雄の招聘によって、ポール・ボキューズやジョエル・ロビュションといった巨匠たちも日本にやってきて、京都や大阪の懐石料理や寿司、鰻、焼き鳥、すき焼き等の専門料理を味わっている。

彼らは食べることにおいても貪欲なプロであるし、味わった和食も当時最高水準のレベルのものばかりだったから、異文化の人ではあっても、和食の良さをすぐに理解することができたはずだ。

しかし当時は、異なる食文化を融合させようとする発想はなかった。珍しい調味料(例えば醬油等)を、隠し味で使ってみたりする程度のことだった。そうした調味料の製造工程も知らず、それをどう使えばいいいか、技術論がわからなかったからだ。

また、彼ら料理人がいくら「ファーイースト(極東)の日本には素晴らしい料理文化がある」と言ったところで、お客様たちにはピンと来ない。情報がないのだから、それを食べてみたいとも思わない。一〇代のころの私自身の体験を書いたが、日本の食文化は一般の西洋人にとっては、「生の魚を食べるの？」という言葉に象徴されるように、常識外の料理文化でしかなかったのである。

「非常識」な料理だから、はなから食べる気がしないうえに、外国の都市で提供されるのは、あくまでもまがいもののような和食。これで良さを理解してくれといっても無理な話だ。

## 料理文化のグローバル化の中で

ところが今日になると、ＩＴ技術の進歩により、世界はグローバル化して料理の世界でも「価値の一極化」が進んでいる。食べ手の側から言うと、グルメブーム自体が世界的になっている。世界中の美食家たちが各種ＩＴ端末を使って日々レストラン情報を発信しているし、レストランや料理人たちも情報をどんどん発信している。

つまり、地理的にはファーイーストにある日本だが、その料理文化は、一瞬にして世界中で共有化されるようになったのだ。

そういう中で、世界中のレストランや料理人たちが和食に影響されている。その技術や本質を会得しているかいないかは別として、ある料理人はファッションとして、また別の料理人は自らよってたつ核として、和食の技術を学ぼう・使おうとしている。それを使うこと、それを知っていること自体が一つのステイタスになっている。

そんな状況にあるとみて間違いないだろう。

## 世界に出た和食の三つの変化変容

世界に出ていった和食は、どのような変化を辿るのか。これまで歴史的に見て、世界に発信された「和食」は、次の三つの姿に変容していると思われる。

一つは、七〇年代のカリフォルニアロールのように、完全に海外の味覚に合わせる形になっていて、我々からみれば和食とはいえないスタイルになっているケース。私はこれを「ギミック和食」と呼ぶべきカテゴリーだと考えている。本来「ギミック」とは仕かけ、策略の意味だが、本書では大胆な発想にもとづく肯定的なものとして使っている。

かつて欧米で、あまりにギミックな和食が蔓延しているとの批判を受けて、本物の和食を提供している店と区別をするため、判断基準も曖昧なままに日本の農林水産省が認証制度をつくろうとしたことがある。この制度は外国のメディアから「寿司ポリス」と批判されたが、『ジャパニーズ・レストラン』の看板を掲げながら、日本人の料理概念からいえば絶対にありえない味付けや調味料の組み合わせをしているケースは世界中にままある。それらを取り締まろうとしたわけだ。

「本物の和食を守りたい」という熱意はわからなくもないが、私は、寿司ポリスなる制度の導入には反対だった。なぜなら「ギミック和食」が誕生する背景には、日本の料理界自体が持つ閉鎖性があると考えたからである。

日本の料理界は、海外に向けて日本料理を発信していくために、異文化から日本の料理文化・技術を学びに来ようとする若者たちを受け入れようという気持ちはある。しかし、制度的に（ビザ等の問題を含めて）、外国人が和食を学ぶ環境は非常に厳しいものになっている。つまり、異文化から見ると日本の料理文化・技術は現実問題としてブラックボックス化した存在なのだ。

それでもお客様が「低カロリーで健康的な和食を食べたい」と望むなら、日本の料理を提供してみたいと異文化の料理人たちは考える。

その試みとして、異文化の視点でつくった和食（アボカドとワサビ醤油の組み合わせ、マヨネーズ味の寿司、カニカマの多用等々）が登場した。それらは私たち日本人から見ると、「ギミック和食」と映るが、その出現は、ある意味で和食にとっては避けられないことなのではないかと思っている。だから、無理に取り締まろうとしても無駄なことだという気がするのだ。

それに、登場した当初は「ギミック」と思われても、時間がたつにつれて日本人も受け入れた味覚も少なくない。今日コンビニに行けば、マヨネーズ味の具をいれたお握りは人気だ。つまり「ギミック和食」は、一概に否定されるべきものではないと私は思っている。

二つ目は、和食ではないけれども確実に日本の料理技術や食材の使い方に支えられている料理だ。間違いなく日本の料理文化・技術の影響を受けてそれを外国料理の文脈の中で表現することによって生まれた料理。

それらは、「ハイブリッド和食」と呼ぶべきカテゴリーだと私は考えている。

このパターンの場合、いい意味で「和食」のイメージは前面にでてきていない。しかし和食は、フランス料理をはじめとして世界中の料理にその影響を与えている。

それに該当する料理人として、フランス料理の世界では、何人かの三つ星料理人が脳裏に浮かんでくる。パリにある『アストランス』のパスカル・バルボさん、ロアンヌにある『トロワグロ』のミッシェル・トロワグロさん等々だ。

彼らは、ハイブリッドなフランス料理を標榜している。

パスカル・バルボさんは、魚介類のスープにフュメ・ド・ポワソンではなく、昆布出汁をベースにフランスやアジアのハーブを加えたものを使い、その軽い出汁で甲殻類のうまみを上手に引き出したり、魚料理に昆布出汁で煮たカブを付け合わせたりしている。

ミッシェル・トロワグロさんの場合、父親（ピエール・トロワグロ）が一九六〇年代に日本の食文化を体験していたことから、日本の食材には早くから興味津々の様子だった。彼は山葵をフランスで栽培しようと試みたり、柚子胡椒を使ったり、さまざまな試みを展開している。

スペインで一世を風靡し、もはや幻のレストランとなった『エルブリ』のオーナー・シェフ、フェラン・アドリアさんも同様だ。彼もまた、来日した折りにはすでに述べた銀座の和食の大将と交流を持ち、その技術から多くのものを学んでいる。フェランが『エルブリ』時代に開発し世界の人々を魅了した料理の中には、銀座の大将から直接学んだものも少なくなかったはずである。そのひとつが、葛《くず》、寒天などの日本特有の凝固剤である。それをスペイン料理として『エルブリ』の料理に落とし込んだところが彼の真骨頂だ。フェランこそ、大きな意味では「和食の申し子」といってもいいのかもしれない。

### 「どこまでが和食か？」を試す

そういう二つのパターンを経て、現在世界の料理潮流のある意味で最先端にあるのは、「どこまで和食と呼べるのか」という試み。つまり、異文化の中で、その民族が好む味や食感にあうような和食を作り出そうとする試みが、各地で行われるようになったのだ。私はそんな料理を「プログレッシブ和食」と呼んでいる。

その一つが、前述のブーレイさんとのコラボレーションで始めたニューヨークの懐石料理店『ブラッシュストローク』である。

その詳細は五章に譲るが、この店では、原則的に食材はニューヨークの市場で普通に集められるものに限っている。一部の加工品（出汁をとる昆布等）や魚は日本から空輸することもあるが、肉や多くの魚、野菜はアメリカ産のもの。メニューも、炊き込みご飯やお椀、焼き魚、お造り、茶碗蒸し等、普通の和食店で出されるものを提供している。

けれどそこには、例えば焼き魚一つとっても、「ニューヨーカーに美味しいと思ってもらえる焼き魚」になるような、各種の工夫が施されている。時には和食店では普通は使わないトマト・ウォーターを出汁として使うこともある。つまり、全体的には和食の枠を超えていない。その技術も食材の美味しさの引き出し方も、ギリギリ和食の範囲に収まっている。この点が、カリフォルニアロールに代表されるギミック和食との違いである。

ここで大切なのは、料理人の興味のもち方が変わってきたということだけでなく、世界中の大都市を中心として、「日常的に和食を食べたい」という食べ手がいるようになったことだ。世界の人々の中に、「日本に行かなくても地元産の和食を食べたい」という欲望が存在するようになった。だからそこに、どこまでが和食かというチャレンジが日常的に行われるようになったのだ。

このムーブメントを、私は和食が世界に出て行くときの三つ目のパターンとして捉えている。

整理すると、カテゴリー1「ギミック和食」とは、「和食っぽい素材」を活用し、「和食っぽい見た目」の料理。ただし、我々から見れば和食の本質的な魅力や日本人の感覚からは外れたものだ。

カテゴリー2「ハイブリッド和食」は、和食には見えないものの、和食の本質的な技術を活用した料理である。

カテゴリー3「プログレッシブ和食」は、和食の素材、和食の本質的な魅力を活かしつつも、果敢に新しい素材や手法も取り入れて、異文化の中でも堂々と勝負できる料理である。

その「本質的な魅力」とは何かについては、このあと述べていこう。

## 欧米が憧れる「引き算の美学」

すでに書いたように、世界の料理人にとっては、和食との出会いからすでに五〇年以上がたっている。当初はファーイーストのまるで馴染めない料理文化として映ったはずだが、徐々に技術的交流を重ねその料理文化の深みを知る中で、彼らにも、日本の料理文化ならではの良さがわかってきたのである。それは「引き算の美学」である。

料理技術でも食材の扱い方でも味付けの仕方でも、削《けず》って削って、削《そ》いで削いで。素材をまるで「土の中から生まれてきたもの」のように料理する日本人独特の美学、美意識。それを知ったことが、彼らにとってはものすごい発見だったはずだ。

父・静雄がグラン・シェフを連れてきた頃、彼らは日本の料理文化に対してある種の敬意は払っても、自分たちの料理にその技術や食材を取り込もうなどということはよもや考えもしなかった。最初は醬油を珍しがり、天ぷらという調理方法の食材の生かし方に驚きはしたけれど、醬油はソースの隠し味として使う程度だったし、生魚を使ってカルパッチョのような料理はつくっても、活けじめのような技術が導入されることは当時は考えられなかった。

ところが料理がグローバル化した今日、さまざまな西洋のシェフたちが自分たちの料理に日本の料理文化を同化させようとしている。そこに新しい料理の潮流をつくろうとしている。また、それを求めるお客様がいる。

この大きな潮流を知らないのは、むしろ日本人のほうなのかもしれない、という気がする。私が危機感を持つのは、この流れはあまりに大きな潮流なので、いつの日か日本国内の和食の流れの方が置いていかれてしまうかもしれない、という点である。日本人が井の中のかわず的な発想でちまちまと和食を考えている間に、世界では、もっと大きな「和食潮流」ができてしまっているかもしれない。

昨今では、世界的に見ると柔道というスポーツの中心地はフランスのパリになっていると聞く。日本人が武道としての柔道をあれこれ議論しているスキに、いつのまにか勝負の結果だけでなく精神的にも、柔道は西欧世界が中心になってしまっている。

和食もそうなる可能性がある。本家だと思っているのは日本人だけで、極端な話だが、外国資本の和食のレストラン・チェーンが逆上陸するなどということはありえないだろうか。子どもの頃からの食習慣の変化で日本人全体の味覚がすっかりかわってしまって、和食の老舗が衰退するということはありえないか。せっかくの日本の文化遺産であり、ソフトパワーの一翼を担えるはずのものが、日本のものではなくなってしまう。そんな状況が来るかもしれない。杞憂かもしれないが、私はそんな危惧を抱いてしまうのだ。

## 異文化進出における必須作業

幸い、頼もしいことに、日本人の料理人が異文化に出ていって、日本の人気の専門料理（寿司、天ぷら、ラーメン）や和菓子などを展開しようとするケースも数多く出てきている。古くは八〇年代から和菓子の老舗『虎屋』がパリやニューヨークに出店していたが、同店に限らず「発信」のケースでは試行錯誤の連続で、海外の人々に受け入れられるまでにかなりの時間を要したという。

いま、それら先達の経験を踏まえて、前述したような和食ブームが起きている。すでに世界を制覇した『ノブ』のことはご紹介したが、寿司、天ぷら、焼き鳥、居酒屋等々の専門料理（居酒屋もまた、世界的にみると専門料理の一ジャンル）の料理人たちが海を渡って、成功をおさめている。その成功の理由を探ってみると、「発信」の際に考えておかなければならない一つの「鉄則」が見えてくる。

和食が異文化で成功するために、絶対に必要なものは何か。

私はそれは「変換力」だと思っている。これがないと、いくら国内で人気の料理でも、この和食ブームにのって世界展開することはできない。どんなに国内で人気のメニューでも、異文化の厚い壁に阻まれてしまう。そんなケースを数多く見てきた。

このことは、何も料理だけに限らない。料理で言う「変換力」とは、たとえば文学で言えば「翻訳」ということになるのだろう。

古くは安部公房、三島由紀夫らに始まり、現代ではノーベル文学賞を受賞された大江健三郎、人気作家の吉本ばなな、村上春樹等、異文化でも人気を博す作家が多数登場してきた。そういう作家の多くは、言語ごとに信頼する翻訳家を持ち、日本語の文章→粗翻訳→確認→本翻訳→確認といったプロセスを経て、やっと英語やフランス語の「文学」に仕上げて出版していると聞く。

もとより文学は、その国古来の風土や習慣、人々の考え方や歴史に敏感に反応するものだから、英語に訳すときは「日本人の習慣や風土、考え方や歴史を熟知したアメリカ人や英国人の翻訳家」が必要となる。ところがその人が翻訳した英語の文章が正しいかどうかを検証するためには、「アメリカ人や英国人の風土や習慣、考え方や歴史を熟知していて英語をネイティブに話せる（書ける）日本人翻訳家」の存在も不可欠となる。

幾重にも検証を重ね、何人もの翻訳家の手を経ながら文章を「翻訳＝変換」していく。それが異文化に出て行こうとする文学が取るべき当然の流れである。

歌舞伎でも同じことが言える。二〇一二年に亡くなった中村勘三郎がニューヨークで『平成中村座』の公演を行った際（当時は勘九郎）には、日本と同じ脚本そのままで上演することをせずに、海外のお客様が理解できる「脚色」を施した。歌舞伎といえば、西洋の誇るシェークスピア劇に匹敵する古典芸能だが、舞台上にニューヨーク市警の警察官が登場するという趣向まで盛り込んでいた。

これもまた、「変換力」のなせる業だ。それがなければ、いくら「立派な古典だ」と力んだところで異文化のお客様を喜ばせることはできない。勘三郎はそれがわかっていた。それが表現者としての彼の素晴らしい力量だったのである。

## 「変換力」を、『一風堂』の挑戦

たとえばいま、食文化の面からみてみよう。

この店は、ニューヨークでは『一風堂』のラーメンが人気である。もともと役者志望だったオーナーの河原成美《しげみ》さんが、一九八五年に博多に開いた一号店からスタートしている。

当時、博多のラーメン店は、トンコツの強烈な臭いが充満し、床はぬるぬるするし、店は汚いし、接客態度は悪いしと、ラーメンを愛する男性しか近寄れない場所だったという。

――これでいいのか？

疑問をもった河原さんは、持ち前の役者魂を発揮して「お客さんに喜んでもらう、若い女性も来店しやすいラーメン店」を目指した。河原さんは、若いころはレストランバーを経営し、毎晩客よりも飲んだくれたりしていたこともあったそうだ。が、目標が決まれば一心不乱、長浜のトンコツラーメンの繁盛店で一年間修業を積み、その後全国の有名ラーメン店を食べ歩き、その上で「九州のラーメン界に一陣の風を吹かすんだ」という熱い思いで『博多一風堂』を立ち上げたという。

そのとき大切にしたのが、美しくお洒落な店舗デザイン、商品コンセプト、接客サービス、クレンリネス（店内外の清潔度）だった。

そこから快進撃が始まり、一九九四年にはオープンしたばかりの「新横浜ラーメン博物館」に、全国から選り抜かれた八店舗の一つとして出店。大人気を博しつつ、一九九五年には東京のラーメン激戦区の一つ恵比寿にも出店して大成功。名実共に全国区の人気ラーメン店となったのである。

その『一風堂』が、ニューヨークのサブカルチャーの中心地、イーストヴィレッジに出店したのは二〇〇八年のことだった。

もちろんそれ以前にも、ニューヨークやパリにラーメン店はあった。けれども、それらは日本国内で成功した店の出店ではなく、最初から異文化で開店した店だった。だから、私たちが時折訪ねて食べてみるとけっして美味しいものではなかった。オーナー側も「パリ（ニューヨーク）でラーメンが食べられるんだから、この程度の味で十分だろう」とばかりに、主に駐在員や日本人観光客相手の郷愁を満たすレベルのものでしかなかった。

ところが、『一風堂』がニューヨークに進出したころを境に、世界のラーメン界は大きく変わることになる。

## 「ラーメン」をどう変換するか

イーストヴィレッジというと、冒頭に記したトライベッカと同様、流行に敏感な人たちが住む一角だ。いまや和食を中心に、数々の飲食店が並んでいる。

その中にあっても、『一風堂』は、出色の成功を遂げている。客席には現地のビジネスマンやウーマンが一杯で、日本人ビジネスマンや観光客の姿はむしろまばら。すっかり現地の味として、西洋人に支持されているのだ。

その理由を探っていくと、一つの結論に達した。

それが、「変換力」だ。この店では、日本国内で大人気の一風堂のラーメン（たとえば『赤丸新味』とか『白丸元味』とか）をそのままの味付けで用意しているが、それとは別に、国内の店舗とは違うニューヨークならではの一工夫、つまりある「変換」を行っているのだ。

具体的には、ラーメン店での食事を、他のレストランのコースのようなものに変換しているということである。

この店は、ラーメンを食べる前に、カウンター席で「食前酒」を飲み「前菜」を食べるような店のつくり方になっている。つまり、ラーメン屋ではあっても、欧米人の食事に欠かせない「流れ」をつくっているのだ。お客様は、「食前酒」や「オードブル」をカウンターで食べて、それからメインディッシュであるラーメンに向かう。

言うまでもなく、日本においてラーメンはファストフードの一種である。中国料理のレストランでコース料理の中で麺を食べるならともかく、ほとんどのラーメン店には食前酒も前菜もない。ギョウザを頼むことはあるだろうが、あれはラーメンの「前菜」ではなく、共に食べるから「共菜」にあたる。

ところが欧米人（とくにビジネスマンやアッパークラスの人々）は、食事には（とくにディナーの場合）、一連の流れを求める。ウエイティングルームで卓を囲む人と食前酒をゆっくり楽しみ、会話を弾ませ、前菜で胃袋を活発にして、それからメインディッシュを心置きなく楽しむ。これが彼らの「食文化」なのである。

いくら美味しいラーメンを出しても、この「食文化」を無視しては彼らは馴染めない。つまりラーメン単体で勝負しようとしたら、味が美味しいとか不味いとか、値段が安いとか高いとか以前に、「文化」として彼らに受け入れられないのである。

そのことがわかっていたからこそ、『一風堂』は工夫したのだろう。

まず店に入ると、カウンターコーナーで「食前酒」と「前菜」を楽しむことができる。「生ビール　八ドル」に始まって、メニューに並ぶ料理は「海老のマヨネーズソース一〇ドル」「海老のガーリックソース　一二ドル」「豚の角煮　九ドル」「鶏のから揚げ八ドル」等々。それらを注文すると、まるでフランス料理のレストランで供されるような、真っ白で美しいカーブを描く皿に料理が適量盛られて登場してくる。サービスの店員さんたちは、笑顔で「この胡麻だれをかけて、好みですこーしこの黒蜜をかけてみてくださいい」などと、スマートで美味しい食べ方をサジェッションしてくれる。

その料理は超高級居酒屋のレベルで、まるでラーメン屋にいることを忘れてしまうほどの美味しさだ。

これなら食前酒も進むし、なにより仲間との会話も弾んで、気分はもう立派なディナーという感じになる。

そして、前菜にも会話にも雰囲気にも満足して上機嫌になったころに、メインディッシュである「ラーメン」が登場してくる。このときは、ニューヨーカーであろうとも、麺をズルズルいわせながら食べざるをえない。会話を楽しむわけにはいかないが、すでにその前に十分に楽しい一時を過ごしているから、ここではラーメンの味覚に集中すればいい。

そうやって店内で約二時間程度を過ごし、会計は一人五〇〇〇円（約五〇ドル）以上を払っていく。

――えっ！　ラーメンに五〇〇〇円もかけるの？

驚いてはいけない。お腹が満ちただけでなく、心も会話も雰囲気も、十分に堪能しているわけだから、けっして高くはない。それがニューヨーカーの好む「食文化」なのである。

同時にそれは、日本から少なからぬ食材を空輸し、人材にも教育にもコストをかけ、ニューヨークで日本と同じ味を提供する「冒険」をしている経営者にしてみても、一人当たりの客単価としては、必要不可欠な金額ということでもあるはずだ。

つまり『一風堂』は、自ら絶対の自信を持つラーメンの味覚を、それだけで勝負したわけではない。ラーメンという日本の単品料理を、欧米人の「食文化」の流れの中に入れ込む「変換」作業を施した。その結果、大成功を得たのである。

## 「回転寿司」が大失敗した理由

この「変換」をしないがために、一敗地に塗れたケースも少なくない。

その典型は、「回転寿司」だ。かつて回転寿司は、ニューヨークにもパリにも登場したが、あっという間に衰退していった。

私がニューヨークで働いていた八〇〜九〇年代にも、回転寿司は何店かあった。寿司ブームにのって、「ヘルシー・ジャパニーズ・ニュー・スシ」ということでもてはやされていたが、いま思えばニューヨークやパリの食文化に合わせるという「変換」をまったくしていなかった。それだけでなく、日本国内の回転寿司店がライバル競争に勝ち残るために当然行っている「経営努力」もしなかった。

たとえば日本の各店舗では、一定時間を過ぎた寿司はレーンから取って処分している。その是非は措くとして、新鮮な寿司を常に回転させるための工夫をしているのは間違いない。あるいは回転させるのは見本だけで、実際はお客様から注文を受けて目の前で握るという工夫をする店もある。つまり、それだけの技量をもった職人を雇っているということである。

ところが当時、ニューヨークの回転寿司店では、そんな工夫や努力もしていなかったし、技量がある職人もいなかった。回転するというディズニーランドのような「物珍しさ」と寿司が持つ魅力だけで勝負しようとした。そもそも回転寿司が持っている、本質的な経営メリットを理解していなかったのだ。

つまり、そこには何の「変換力」もなかった。だから飽きられるのも早かった。

このことからもわかるように、異文化の中に日本の食文化が出て行く場合、その成功と失敗の分かれ目はこの「変換力」にあるというのが、長年の異文化体験から来る私の経験値である。

いまではニューヨーカーの間では、『一風堂』の成功もあり、日本から出店してきたラーメン店は「リアルラーメン」と呼ばれて、チャイナタウンの中国料理店で食べるラーメンとは区別されて大人気だ。ニューヨークだけでなく、ロンドンでもパリでも中東のアブダビでも、あるいは私たち辻調グループフランス校があるリヨンですら、「リアルラーメン」は大人気で多くの店が大成功をおさめている。

その秘密は「変換力」にあり。かつて博多のトンコツラーメンの「三K」状態では女性客がつかないと察知し、新たなスタイルに「変換」させた力が、いまは異文化でも花開いている。

そう理解していいだろう。

## 『ノブ』の成功要因

ここまで読まれて、読者の中には「では、異文化であんなに出店した『ノブ』はなぜ成功したのだろうか？」と思われる方もいらっしゃるかもしれない。すでに書いたように、松久さんが世界に出店している『ノブ』は、年間約二〇〇億円を売り上げ、日本発のレストランとしては史上最大最高の成功を収めたレストランチェーンとなっている。

その『ノブ』の料理は、私が述べた「異文化に出た和食がたどる三つのパターン」の中のどれに当たるのだろうか。

私は、当初『ノブ』はカテゴリー1、すなわち「ギミックな和食」として西洋人に認知されたと思っていた。『ノブ』開店以前の松久信幸さんが八〇年代当時、カリフォルニアロールを出していたかどうかは不明だが、アメリカで普通に手に入る食材を使って、アメリカ人が好む味付けで提供していた。

ところが、他のギミック和食と異なったのは、少なくとも寿司の技術をしっかりと日本で学んだ職人がいて、しっかりとした寿司を出していたという点である。私もその店で寿司を食べた記憶があるが、「異国にきているのだからこの程度の味でも仕方ない」というレベルではなかった。日本国内で食べても納得できるレベルのものになっていたのだ。もちろん、日本産のウニや鮑といった食材はないので、アメリカで採れる魚介類を使っていたが、しっかりとした下仕事もされていた。

その意味では、カテゴリー2、和食の影響を受けた異文化の「ハイブリッド料理」との評価を与えてもいいだろう。私はカテゴリー1と2にヒエラルキー（順位）をつけるつもりはないが、『ノブ』は、寿司という強みを生かして、1から2に脱皮したという言い方もできる。

しかも、トライベッカに店を出してからは、一晩で三〇〇人以上のお客様を満足させるようになった。昼夜合わせれば、六〇〇人からのお客様を迎えていることになる。このレベルの和食店は、日本国内にもそうはない。

それを可能にしているのが、『ノブ』の構築したシステムである。店のパソコンには、世界中の異文化の人々の嗜好や味覚の傾向、富裕層が好む味、食材、料理方法等がしっかりとデータ化されて収められている。国別、人種別、経済力別、しかも季節ごとに、異文化で好まれるメニューがデータベース化されている。どんなリクエストにも対応できる力量が備わっている。しかも、その国のその季節に採れる食材もわかっている。流通もおさえている。

だからこそ、異文化の地においても、誰もが満足する美味しい料理を提供することができているのだ。

つまり現在の『ノブ』は、カテゴリーの1も2も3の料理もメニューのラインナップとして揃え、多様なアプローチでお客様を呼び込む力を持った、極めて例外的なレストランとなった。つまり、彼らは和食の技術、食材、季節感を使って、『ノブ』という独特の料理ジャンルをつくってしまったと評価してもいいのかもしれない。

## SAKEを世界に

この章の最後に、最近ますます顕著になってきている日本酒の世界発信への私なりの提言をしておきたい。

日本酒の世界は、一時期後継者不足や原料となる酒米《さかまい》の供給量不足、日本酒を愛する飲み手の減少、そして東日本大震災での甚大な被害等、様々に悲観的なことが言われてきた。

ところがその震災の痛手を乗り越えて、今では盛んに世界に出ようとする動きが見られている。パリやニューヨーク、ロンドン、ドバイ等で日本酒のエキシビションをやったり、試飲会を開いたり、シンポジウムを行ったり、様々な動きが見られる。

それらはいずれも素晴らしい試みではあるが、私にはもう一つ欠けているものがあるように思えてならない。

そのことを示すために、私が体験したあることを記したいと思う。

つい最近のこと。私が銀座の『鮨 かねさか』で食事をとっていると、カウンターで隣り合わせた西洋人の若者から「ヨシキさんですね」と声をかけられてびっくりしたことがあった。

なぜ私のことを知っているのか？　学校の卒業生ならわかるのだが、英語で話しかけてきたところをみるとどうもそうではないようだ。

聞けば、私が三年前の二〇一〇年にカリフォルニアで行ったＣＩＡ（情報機関ではなく、アメリカにある有名な料理大学、カリナリー・インスティチュート・オブ・アメリカ）での講演を聞いて感動したことがあるという。青年は「ワインのディストリビューターをしているマイケル・クーと申します」と名乗り、同席していたカリフォルニアのワインメーカーの二代目オーナーのマット・ディーズを紹介した。

なぜ私の講演を覚えていたのか。彼はこう言った。

「私はヨシキさんの講演を聞いて、頷くことばかりでした。一つの食文化を異文化に発信するためには、相手国の食文化に溶け込ませることが必要だとヨシキさんは仰った。私はそれ以降、日本の寿司という食文化に合わせる白ワインを探してきました。味覚のマッチングの可能性を探る中で見つけたのが、サンタ・イネス・ヴァレーのホナータというワイナリーで彼がつくるフロールというワインだったのです」

聞けばブドウはソーヴィニョン・ブラン種とセミヨン種で、その味を試すためにこの店を訪れているというのだ。

その自慢のワインを飲ませていただくと、見事に寿司に合っている。寿司とワインを合わせたときにありがちな、魚の臭みもブドウの皮のえぐみも感じられず、しかも寿司を食べたあとの口の中をクレンジング（清める）してくれる。よほど寿司の味をわかってないと、このワインは造れないだろうなと唸るほどの味わいなのだ。

ＣＩＡでの講演からまだ三年ほどしかたっていないのに、この若者はどんな探究心を発揮して、日本の寿司を把握したのだろう。

その努力の日々を思って、この素晴らしい出会いに、私は幸せな気分になった。

今やこうした新しい可能性を世界中から探せる時代になったのである。

## 日本酒とフランス料理の出会いを

彼が挑んだような「寿司とワイン」という組み合わせにも対応できることこそが、食中酒としてのワインが持つ使命だろう。フランスやカリフォルニアのワインを日本に持ってきて、ただシャルドネだ、ソーヴィニヨン・ブランだとブドウの種類を言っても無意味な話だ。グラン・クリュだ、プルミエ・クリュだと自国内の価値（格付）をひけらかしても、異文化のお客様はついてこない。

そうではなくて、相手の国の食文化の中にいかに溶け込めるか、いかにその食文化に新しいテイストを提供できるか、いかにその食文化の隠れた魅力を引き出すことができるか、そういう視点を持たなければ、何かを異文化の中で広めるのは難しい。

その意味で、日本酒の世界発信に対して提言したいのは、例えばフランス料理との本格的なコラボレーションである。

以前、私はパリのホテル『ル・ムーリス』の三つ星レストランで、ワイングラスに日本酒を注ぎこんで飲んでいる紳士をみかけたことがあった。フランス料理と日本酒。その当時は奇異なものとして映ったから、シェフのヤニック・アレノさんに「あれは止めた方がいいんじゃない？」と言ったほどだ。しかし、すでにアレノさんの中には「フランス料理と日本酒」のマリアージュ（組み合わせ）のアイディアがあったのだろう。

「いいんですいいんです。これもまたフランス料理です」

そう言って、微笑んでいた。

あるいは、やはり三つ星料理人、アラン・パッサールさんもまた、非常に日本酒を愛した料理人だった。彼は、一つの食材に対してピンポイントで味を引き出すノウハウを持っていて、日本酒にしか合わないような料理をつくることができた。「絶対にこれは日本酒に合うんです」と言って、お客様に提供していたものだ。

あるいは最近では、大阪で素晴らしいフランス料理を提供している『ＨＡＪＩＭＥ』の米田肇さんも、コース料理の中で日本酒を薦めるメニューを展開している。

フォアグラを入れ、松茸などの香りを閉じ込めたコンソメに、日本酒の大吟醸を温めて出してくる。一度目に訪ねたときはぬるいくらいだったが、二度目に真冬に訪ねると、トリュフ入りのコンソメの温度をかなりあげてきた。すると、コンソメやトリュフの香りとのマッチングが温度によって違ってくるのがわかる。ソムリエ曰く「温度を色々試しながらお出しししています」とのことだった。

もちろん米田さんは日本人なので、日本酒の歴史も味わいも熟知している。日本酒の持つ香り、味わい、温度感を、季節に合わせて寒い時期には温かく出してくる。そうやって、フランス料理とのマリアージュを模索されているのだ。

それはまさに、フランス料理という食文化と日本酒という食文化の正しい出会いであり、日本酒が世界に出て行こうとするときには、必要不可欠な試みであると私は思っている。

もちろん日本酒業界では、生き残るための味の改良は様々に行われている。たとえばパリに出すために、アルコール度数をおさえた商品も開発されている。料理の中で、一つのお皿と別のお皿の間で口の中をクレンジング（清める）する機能から、完全に料理と料理の味を繋ぐ役割として改良されてきていることは間違いない。フランスの人々に提供するときに、「これは大吟醸といって美味しいお酒なんです」と、日本的な価値を押しつけるものではなくなってきている。

その努力があるからこそ、日本酒業界の関係者のみなさんにはさらにその一歩先を行って、フランス料理とのコラボレーションを本気で考えてほしいと思うのだ。他国に出る場合には、その国の料理とがっちりコラボレートできる品種、味わい、風味を研究してほしい、と。

その「変換」を遂げてこそ、日本酒にはさらに異文化に出て行く力が宿る。

私は、そう思っている。

# 第二章　和食はそもそもハイブリッドである

## カリフォルニアのオールジャパン・チーム

そのとき広がっていたのは、まさに「抜けるような青空」だった。からりとした気候の下で空はあくまでも青く、雲はあくまでも白く、吹き渡る風はなんともあまい香りを宿しながら、私たちを桃源郷に誘《いざな》ってくれる。

場所はカリフォルニア州のナパ・ヴァレーにあるセントヘレナ。二〇一〇年一一月、私たちはこんな素晴らしい環境の下で、この地にある全米ナンバーワンの料理大学CIAにおいて、様々なジャンルの料理人の「オールジャパン・チーム」を組み、ある集いに臨もうとしていた。

CIAの本部はニューヨーク州にあり、料理専門の教育機関として二年制、四年制とともに学位を取得できる大学であり、ニューヨークとカリフォルニアのキャンパスを合せて五〇〇〇人以上の学生が学んでいる。その使命は、世界最高峰のプロフェッショナルな料理の知識と技術教育を提供すること。つまり、世界最高の料理人を養成するための料理学校だ。

そこに登場したオールジャパン・チームの構成を知れば、料理関係者であればあるほど驚かれると思う。

まず団長は、大正元年創業の京都の老舗料亭『菊乃井』の主人・村田吉弘さん。副団長はフランス料理『オテル・ドゥ・ミクニ』の三國清三《きよみ》さん。この正副団長の人選でもわかるように、このチームには日本国内の和食、洋食、専門料理（寿司、天ぷら、すき焼き等々）店から厳選された約四〇名の料理人が名を連ねていた。

その目的は、三日間にわたって展開される「ジャパン・フレーバー・オブ・カルチャー＝日本の文化の香り」と題された催しで、全米、いや全世界の料理関係者やジャーナリストたちに日本の食文化の本質と今日の素晴らしい姿を伝えること。それがこのオールスター・チームのミッションだった。

チームには、まさにきら星のごとく著名料理人たちが居並んでいる。懐石料理からは、京都の老舗『瓢亭《ひょうてい》』の髙橋義弘さん、『京都吉兆』（嵐山本店）の徳岡邦夫さん、『たん熊北店』の栗栖正博さん、『木乃婦《きのぶ》』の髙橋拓児さん、寿司では東京『銀座久兵衛』の今田洋輔さん、その他の専門料理からは、大阪の串揚げ『六覺燈《ろっかくてい》』の水野幾郎さん、お好み焼き『やきやき三輪』の柏原克己さん。その他にも、すき焼き、大阪寿司、蕎麦、うどん、ラーメン、郷土料理、和菓子等、およそ日本国内でもこれだけ多種多彩な料理人が一堂に会することはありえないというチーム構成だった。

この三日間で組まれたのは、セミナー、ワークショップ、ゼネラルセッション等々。それらを目当てに、世界各国の料理人、ジャーナリスト、レストランやホテルのオーナー、科学者たち約一〇〇〇人近くが集まって来た。

私はこの催しで、日本料理（和食）の歴史と成り立ちを紹介するゼネラルセッションにおいて、基調講演を務めさせていただいた。そのときの講演で語ったキーワードは、日本料理における「伝統と革新」の歴史。そこからもたらされた「多様性」。そして、寿司や天ぷらに代表される専門料理の高級化、洗練が、今日の日本の食文化、料理文化を特徴づけていると語りかけた。

このとき語った私なりの日本料理観は、実は日頃から尊敬し最も信頼している国士舘大学21世紀アジア学部教授の原田信男先生の著作群を大いに参考にさせていただき構成したものだった。

日本の食文化やその歴史を研究されている方々の中で、原田先生が掲げる視点は、縄文時代から今日に至るまでを展望するスケールの大きな歴史観に支えられている。さらに、ラオスにおける焼き畑農業の研究にもみられるように、グローバルな視点もお持ちだ。また札幌大学に籍を置かれていたこともあり、長らく〝異国〟であった「蝦夷」や「沖縄」もその視野におさめていらっしゃる。

日本料理について私が最も関心のあるテーマは「オート・キュイジーヌ（高級料理）としての日本料理の歴史」なのだが、先生はそれに関しても茶道や精進料理等の誕生と発展を俯瞰しながら、実に理路整然と語ってくださる。

この章ではCIAの基調講演で語った私論をベースに、原田先生に学ばせていただいたその他の内容も盛り込みながら、私なりの「和食のハイブリッド論」を展開していきたい。

### ファーイーストの「食の列島」

みなさんは「和食」をどのようにとらえているだろうか？

一〇代から二〇代にかけての一五年ほど日本に住んでいなかった私にとって、なぜか「和食」という言葉から真っ先に連想するのは、南北三〇〇〇キロメートルに及ぶ日本列島のイメージであり、その風土で長い年月をかけて育まれてきた専門料理（寿司、天ぷら、鰻等々）、郷土料理等、さまざまな分野の日本の料理だ。

日本列島は「小さい、狭い」と言われるが、他国の国土にはない特殊性をもっている。まずは、周囲を海に囲まれた島国なので、周囲一〇〇メートル以上の島をカウントすると六八五二もの、大小「無数」といってもいいほどの島々で構成されていること。島の多さと入り組んだ海岸線のお蔭で、その総延長は三万三八八九キロメートル。これは、総面積では日本の約二五倍と言われるアメリカ合衆国の海岸線の、約一・五倍に相当する。

しかも、南北に細長く三〇〇〇キロメートルに及ぶ国土は、バラエティ豊かな気候に彩られている。例えば北海道の各地が氷点下の日でも、沖縄・八重山諸島では二〇度に近い気温を記録することもあるし、北部は亜寒帯、南部は亜熱帯気候に属している。

また狭い国土の特徴として、山と海が近接していて川が毛細血管のように国土中を流れていることも見逃せない。歴史的には、山林の豊かな養分が海に流れ込み、世界でも有数の豊饒たる漁場を近海につくり出してきた。

四方を取り囲む海にも特徴がある。南方からは、世界有数の強大な流れである黒潮（プランクトンが少なく透明度が高く、青黒色に見えることから命名された）が北上し、日本列島の南岸に沿って進む本流と、日本列島の北岸を進む対馬海流に分かれる。多くの回遊魚がこの流れに沿って、日本列島の近海を北上していく。

一方、北からは千島列島に沿って南下し、日本列島の東岸まで達する親潮（千島海流とも呼ばれる）がやって来る。この流れはプランクトンが多く、「魚類や海藻類をよく育てる潮」という意味でこの名がつけられた。

## 世界有数の漁場の誕生

この黒潮（暖流）と親潮（寒流）の大きな流れが日本列島の東岸でぶつかり、北太平洋海流（北太平洋ドリフト）となって東に向かって流れだす。このとき、親潮は黒潮よりも密度が高いので、混合域では黒潮の下に沈み込む形になる。このときできる潮目では、黒潮とともに北上してきた多様な魚類が親潮のプランクトンをめざして集まり、この海域は量・種類ともに世界的にみても極めて豊饒な漁場になる。

この自然環境により、日本列島近海では、多種多様な沿岸漁業、海藻類などの採集、養殖、加工技術などが発達してきた。

その豊饒さは、商用魚類のデータをみれば一目瞭然だ。

日本の近海では、世界の商用魚類の一五パーセント以上の種類を獲ることができる。

たとえば世界各国の漁獲高の上位八割の中に何種類の魚種があるかを比較してみると、その差は明確だ。北欧の漁業大国ノルウェーやアイスランドでは、八割の漁獲高の中に五、六種類の魚しかいない。タラ、ニシン・イワシ、サケ・マスだけで全体の八割を占めている。

ところが日本の漁獲高の上位八割の中には、実に一八種類もの魚介種が存在している。イワシ、サバ、帆立貝、サンマ、イカ、カツオ、タラ、サケ・マス、マグロ、アジ、ホッケ等々——。

日本人には当たり前のことと思えるこれらの魚種の多彩さは、実は世界的にみると極めて珍しいことがご理解いただけると思う。

## テロワール豊かな郷土食

この環境の中で生まれてきたのが、北海道から沖縄まで、テロワール（地域性）を非常に色濃く反映した食材や郷土料理だった。

海岸線の地域では、各種魚介類を中心とする漁師料理が盛んだ。生食だけに留まらず、干物、魚醬等の保存食も多彩にみられる。

一方で山間部に行けば、各種ジビエ（鳥、鹿、イノシシ等の野禽獣類）やキノコ類、山菜類等を使った料理が盛んだ。これは日本に限らないが、沿岸部と山間部での食習慣の差異が大きいのも、この国の食文化の特徴を形成しているといって間違いない。

その条件下でさらに大きく影響しているのは、日本人がもっている宗教的ともいえる自然観、季節感、歳時にあわせた祭事といった儀式的な要素だ。

よく、「日本では四季の季節感が豊かでそれが料理に敏感に反映されている」と言う方がいる。これは間違いではないが、他国に四季がないかといえば嘘になる。フランスにも四季の変化に敏感に対応する料理があるし、季節を象徴する食材も豊富だ。アフリカにも北極にも中東にも、そこに住む人にしかわからない微妙な季節感があり、それを楽しむ料理文化があるはずだ。

けれど、すでに述べたように日本の場合、南北に長い列島のつくりと、沿岸部から列島中央の山間部まで比較的短い距離の中で標高差があるという地理的特殊性を持っている。これが植物の多様性や、気温湿度気候の変化や特殊性にも繋がり、人々の意識が「自然や季節」に対してより敏感だったということはできそうだ。

もちろん、日本文化の固有性をどこに求めるかという議論は、なかなかやっかいなところがあるが、自然環境に大きく左右される農業を営む人たちは、世界中どこでも季節や天候の移り変わりに一喜一憂するものだ。日本人の自然崇拝的な傾向、ある種のアニミズムのような自然観も、そうした自然との関わりの中からおのずと醸成されたのだろう。

加えて、もともと中国から輸入された季節を区分する方法としての「二十四節気」などの影響を受けながら、この列島の季節の移り変わりを（豊作を願う観点からも）、微細に観察する生活態度、そしてそれをこまやかに表現する文化的伝統が生まれた。私たちの「自然や季節」に対する独特の感性や美意識のルーツはそのあたりにあるのだろう。

こうした自然観を背景に培われた食の多様性にプラスして、次項で述べるように、文化文明的にも外からの影響（中国文明や西洋文明）を受けることにより、長い時間をかけて、日本独特の食文化をつくっていったのだと思う。

たとえば東北三陸海岸以北や北海道でしか採れない出汁用の昆布とその乾燥加工技術。紀州、九州や四国で盛んな鰹漁と鰹節の加工技術の発明。この二つが出会って、和食の風味の基盤をなす「一番出汁」が生まれるというのも、日本の風土の多様性のなせる業だ。

第一章でご紹介した銀座の和食店の大将が表しているように、民俗性やアニミズム的な宗教観さえも感じさせる自然観も和食の大切な要素の一つ。そうした強い自然への志向と、文化として洗練された表現が一体となっている点が、世界の料理文化の中でも日本料理の特徴の一つと言っていいだろう。

## 大陸の影響

では、日本の食文化はどのように発展してきたかという点をみてみよう。

最古の歴史を辿れば、縄文時代の遺跡が北海道から九州まで広く分布していることからもわかるように、さまざまな地域から移り住んだ原日本人たちが、それぞれの自然条件の中でサバイバルするために食の営みを連綿と続けてきた。

日本が国家として体裁を整え始めた奈良時代から、水田稲作を生産基盤に据え、米を国家の主要な収入源とする国づくりが行われてきた。租税の柱を米とし、稲作とその環境整備としての水田作りを奨励したのだ（この段階で、水田稲作に適さなかった蝦夷や琉球が、大和とは異なる食文化を発達させたことも、よく知られている）。このことが日本の食文化に与えた影響は大変大きなものだった。

さらに大陸から伝来した仏教思想の影響も大きい。支配者層による肉食の禁止や制限が、和食文化の一つの傾向、特徴をつくっていく。つまり米、野菜、そして川や近海で捕れる魚介類が中心となる食事の基盤がつくられていったのだ。

## 巨大文明の影響

和食が世界の中でも独特な発展を遂げてきたもう一つの理由として、隣接する巨大文明との特別な関係性があげられるのではないだろうか。

古代、日本で発展した文化文明の多くは、中国をルーツとするが、食文化もまた然り。奈良時代頃から、洗練された中国の宮廷料理の体系が日本の宮中に導入され、平安期には「大饗《だいきょう》料理」と呼ばれる饗応料理の様式が整った。宮中の儀礼的な料理であった大饗料理では、台盤と呼ばれた台に珍しい食材、高価な食材が、なまもの、干物、菓子類と分けてずらりと並べられた。それらはいまの基準で見れば、「料理されたもの」とはほど遠く、「切って整える」程度のもので、各人の手元に置かれた醬《ひしお》、塩、酢などの調味料を使って、自分の好みで味付けして食べていたようだ。当初は箸も匙（スプーン）も使われ、皿数も中国の様式にならって偶数だった。

ところがいつのまにか中国で使われていた匙は消滅し、時代が下って戦国時代の武家による「本膳料理」になると、皿数も奇数になる。

箸だけの食事形式へ。偶数から奇数へ。

これは、当時の日本人の感性がそうさせたのかもしれないが、本家の様式を数百年かけて自分たち独自のものに「変容」させていくという、日本人の性向によるものだろう。例えば、「漢字」という中国で発明された文字を自在に駆使して、ひらがなやカタカナまで発明して豊かな日本語の言語文化を独自に進化させてきたことと同じ構造がみられる。

やがて大航海時代も一六世紀半ばになると、今度は大海を渡ってやってきた西洋文明の影響を受けるようになった。それは、長年に及ぶ中国文明の影響に比べれば小さなものともいえるが、私はこの時期の西洋人との接触（主にキリシタン大名とヨーロッパ人宣教師との短い期間の交流）は、食文化への影響を含めて当時の日本人には大きなインパクトがあったと考えている。

この時期に日本にもたらされ、多少形を変えながら根づいた食べ物としては、コンペイトウ、カステラ、天ぷらなどがあげられる。そうした一つ一つの事物だけでなく、総じていえば、大航海時代に西洋文明の一端に触れたこと自体、日本人が「世界」を意識するきっかけになったであろうことは想像に難くない。

一方で、この時期に日本を訪れた西洋人（主に宣教師）たちも、日本文化の持っているポテンシャルやオリジナリティに感嘆している。

例えばイエズス会のロドリゲスは、一七世紀に執筆し始めた『日本教会史』のなかで、茶懐石の登場について以下のように述べている。

「料理に関しては、ただ装飾的で見るためだけのものや、冷たいものを棄て去り、代わりに温かくて十分に調理された料理が、適当な時に出され、質のうえでも充実した内容のものとなった」（『日本人はなにを食べてきたか』原田信男・著／角川ソフィア文庫）

程度の差はあれ、二つの巨大文明との出会いを通して、日本人はそれらの「いいとこどり」をしつつ、独自の文化文明をつくり上げていったと言っていいのかもしれない。

## 「和風」の文化へ

料理の世界で中国からの影響を脱し、日本風の形式になっていった時期を、多くの研究者は武家が完全に天皇・公家勢力を圧倒した「室町時代」と位置づけている。武家の饗応料理の様式として成立した「本膳料理」がそれだ。

そこからさらに茶の湯の発展に伴って懐石料理が生まれ、政治的安定を背景にそうした料理文化が成熟しながら、より広い層に浸透していったのが江戸時代だった。中国からの影響は長く続いたので、その中から生まれた和風の生活様式や文化様式は、時間をかけて純化していったとみるべきなのだろう。

江戸時代になると、鎖国政策によりさらに海外からの影響は弱まる。

一方で海路の発達、街道の整備によって各地の産物は大都市（京都、大坂、江戸）に集まるようになる。次の項で詳述するが、江戸時代は三つの都市がそれぞれの役割を果たしつつ、日本の文化の独自性が形成され、熟成されていった時代といっていいと思う。

### 鎖国が文化を定着させた

江戸時代には、他の時代にはみられない、特徴的な点があった。それらの食文化に対する影響を見ていこう。

江戸時代の日本には、ある意味で国の中心が三つあったといえる。

一つは将軍が住む「江戸」、二つ目は天皇と公家が住む「京都」、そしてもう一つは、町人商人が自治を展開した「大坂」。江戸には幕府が置かれその役人が住み、京都にはプライドの高い公家が住み、大坂には町人が住んで自分たちの文化を作り上げた。

この、三権分立ならぬ「文化の三都市分割」もまた、江戸時代の食文化の多様さの大きなポイントになったと見ていい。

食文化の本家本元はやはり京都だ。和菓子の『虎屋』のように、高級料理のルーツはおしなべて京都にある。けれど、あるときそれが江戸や大坂に「下野」していくと、その地域が持つ特殊性の影響を受けて、新たな成熟を迎えることがある。ことに江戸は、文化的に言ってもニュー・フロンティアだった。そこに集った人間も、そもそも江戸の出身者はごくわずかだった。だからこそ、歴史や伝統に縛られない食文化が花開いたという見方もできる。

## 江戸は巨大マーケット

食文化が花開くためには、それを支える人口の増加と多様性が必要だ。幕府が置かれた江戸には、家康家臣団が入府し、江戸城の普請のための労働力や職人集団が大量に流れ込んだ。また「参勤交代」制度があったために、江戸には常に諸国の人間が生活し、他の都市にはない「多様性」を持つようになった。

「参勤交代」の副産物として、往復に通る街道や途中で立ち寄る宿場が整備された。各藩が往復してお金を落としていく宿場町には、名物料理や名物土産も生まれたはずだ。

江戸幕府は、優秀な職人たちを他国から江戸に連れてきて、短期間で巨大な都市をつくりあげた。また江戸に住む多くの武士たちの生活を支えるために、職人集団をそこに住まわせた。関西、ことに堺あたりで職人さんたちと話していると、「江戸の町をつくったのは俺たちの祖先だよ」という言い方をよく聞く。あの時代、道具、建築、食、衣料等、あらゆる分野で腕の立つ職人は、ほとんどが近畿出身だったのだ。

これらのことを考えれば、江戸が多くの人口を抱えることになった理由がわかる。

そしてそこには、巨大な「食のマーケット」が誕生したのだ。

## ファストフード「寿司」の誕生

江戸時代には、後に日本の食文化の柱の一つとなるような新しい食の形態が生まれてきた。その背景には、まさにこの「人口の爆発的な増加」があった。

寿司、天ぷら、鰻、蕎麦等、今日につながる和食の専門料理は、この頃参勤交代で江戸住まいになった地方武士や、職を求めて地方からやってきて江戸に住んだ職人などの「単身赴任者」用のファストフードとして登場したものだ。

ここでは「江戸前寿司」を例にしながら、その誕生のプロセスを見ていこう。

寿司の語源は「すっぱし」と言われ、鮓という文字を当てるのが最も原義に近いと言われる（『和食と日本文化』原田信男・著／小学館）。そもそもは、東南アジアから、魚を保存するために米と塩を用いて発酵させた、旨味を引き出す「発酵食品」として日本に入ってきたものだ。魚を塩だけで漬け込むとアミノ酸発酵となるが、これに炊いたご飯を混ぜ混むと、乳酸発酵が起こる。

これが「熟《なれ》ズシ」で、いまも琵琶湖周辺に残る鮒《ふな》ズシや、吉野の釣瓶《つるべ》ズシ、秋田のハタハタズシ、金沢のかぶらズシ等に、そのルーツたる技術が残っている。

ところがこの「魚を発酵させて食べる」技術が、江戸時代末期に「変化・変容」して「生食」の寿司の文化をつくっていく。その分水嶺となったのは、関西の箱寿司とか押し寿司といった早寿司の登場だった。これらの寿司は、技術的には発酵させないで、酢飯をベースに、酢じめしたり炊いたりして調理した魚や野菜を加えている。京都で有名なサバ寿司も、サバに塩をきつく当てて酢でしめた、むしろマリネといっていい。そこから今日の、魚を生で食べる寿司へと分かれていった。

だから、東南アジアを発祥とする「発酵させるスシ」と、現在の江戸前寿司とではまったく技術的な関連はないといってもいい。かつては魚を保存するために米を使って発酵させていたものが、いつのまにかご飯に酢を加え、それと生の魚を合せて食べさせるものに変化し、その最終形が江戸末期に登場した「江戸前の握り寿司」になった。

こうして江戸時代に登場した寿司は、まず屋台という形式の「簡易外食」として誕生した。それが今日のような絢爛豪華な食文化として開花したのは、すでに述べた日本列島のもつ魚種の多様性と、新鮮な食材を好む日本人の嗜好にぴったり合っていたからだと思う。

寿司だけではない。江戸時代に同じようにファストフードとして誕生した鰻や蕎麦、天ぷらなども、技術を究めようとした職人たちの手で現在のような店舗形式の専門料理として洗練されてきたのだろう。

この章の冒頭で、ＣＩＡにおいて行われた「ジャパン・フレーバー・オブ・カルチャー」で結成された「オールジャパン・チーム」のことを、めったにお目にかかれない「オールスター」と紹介したのには、そういう理由がある。

つまり、『京都吉兆』『菊乃井』『瓢亭』等の懐石料理は、京都で生まれ公家や関西の豪商に支持された料理文化であり、寿司の『銀座久兵衛』や蕎麦の『総本家更科堀井』などのルーツは、江戸期に江戸に住む単身赴任者を対象に広まったファストフードの料理文化なのだ。

もちろん双方ともに、長い時の流れの中で切磋琢磨を繰り返し、その分野の高級化、洗練をくり返してきた。職人の間では技術改良、技術革新は常に行われてきたし、業態開発も行われてきた。

そういう歴史の中で、これまでは国内でも懐石料理の料理人と専門料理の料理人が一堂に会するということはなかった。けれどお互いに腕を磨いてきたからこそ、ＣＩＡでオールジャパン・チームを結成してみると、互いの技を競いあうことができたわけだ。

その顔ぶれの華やかさ、観客を驚かせた各自の腕前は、そのまま今日の和食が持つ多様性の証明でもあった。まさに、日本料理の多様性を世界に示すことのできた記念すべきイヴェントだったといっていい。

## 茶の湯と懐石料理

次に、専門料理を離れて、日本のオート・キュイジーヌとしての「懐石料理」の歴史をみてみよう。この料理の誕生をみるためには、いくつかのルーツを辿らなければならない。

その一つである「精進料理」は、五〜六世紀ころ中国で生まれた。中国系の大乗仏教が肉食を強く禁じていたことから、穀類や野菜でつくる料理が発達したとみられている。この時代の精進料理は、野菜を煮たり蒸したり炒めたりしながら、濃い味付けにし、動物性食品に擬したものだった。その後、唐代になると水車の普及により進んだ粉食技術を生かし、中国特有の精進料理が発達する。さらに、南宋で盛んだった禅の思想が喫茶と精進料理を結びつけたために、禅宗寺院で高度な料理法が生まれたといわれている。この南宋に日本人僧侶が渡海したことで、日本にも精進料理がもたらされた。日本では、小麦粉に胡麻や味噌などで味付けをして、植物性の材料で限りなく動物性に近い風味が生み出せるようになったようだ。

一方、南北朝期以降には、北海道の昆布が流通するようになり、昆布や鰹節を味のベースとする、今日的な料理法が広まっていった。

室町期に入ると、武家の料理も鎌倉時代より贅沢になり、将軍の饗応には多数の膳からなる「本膳料理」が供されるようになった。鰹節や昆布を使った今日的な味付けで、大饗料理のように自分で味をつけるのではなく、火を通し、調味した焼き物や煮物、汁物などが登場する。皿数や膳数は七五三という奇数で構成され、台盤ではなく多くの膳を何段階かに分けて並べて、時系列的に料理を味わうというスタイルも完成していった。

この時代に、中国色の濃い大饗料理からの影響を脱して、本格的な日本料理が成立したとみなすのが一般的だ。一四〜一六世紀のこの動きが、さらに「懐石料理」の誕生への道筋をつくることになる。その背景には、中国から伝わった精進料理に基づく調理技術の発展があったことは言うまでもない。

精進料理と本膳料理が成立したことで、料理法や形式は少しずつ今日に近づいてきたが、私たちが思い浮かべるオート・キュイジーヌとしての日本料理が現れるためには、もう一つのルーツ、「茶の湯」の発展が欠かせなかった。

覚醒作用を持つ茶は、鎌倉時代末期には広く一般に受け入れられていて、当時は銘柄を飲み当てて賞品などを賭ける「闘茶《とうちゃ》」に見られるようなゲーム性も帯びていた。室町時代初期には、茶会において葛切りや素麺、山海の珍味などを供していたようで、今日の懐石料理の原型ができていたと思われる。

室町期には富裕な商人の間でも茶会が盛んになった。中国にならうのではなく、和漢の融合を目指した侘び茶の概念も誕生し、その中心人物の一人であった武野紹鷗が茶における料理の基本理念を打ち立て、懐石料理は侘び茶を通じて確立されていったと言われている。

茶の湯は禅院の茶礼《されい》を発祥とした関係から、懐石料理には精進料理の影響がみられる。この時代を代表する料理様式である精進料理には食材の制限があり、また本膳料理は儀式的な料理だったので、一般には広まらなかった。そうした中で懐石料理は、茶の湯の広まりとともに一般化していったのだ。

茶の湯では、「一期一会」の精神のもとで客人をまごころを込めてもてなし、茶と料理を楽しんでもらうことに何より主人は意を用いる。そのために料理に趣向を凝らし、季節感を盛り込み、旬の食材を生かし、彩り、バランスや立体感を考えて盛り付け、料理と器との調和、料理を出すタイミングまで考え抜いて、ありとあらゆる面から食の時間と空間を演出する。

すでに書いた銀座の和食の店が、食前に部屋に蛍を舞わせて季節感を盛り上げたのは、まさにこの精神の表れだったのだ。

懐石料理について、前出のロドリゲスは、やはり『日本教会史』の中でこう書いている。

「茶の湯という宴会は、（中略）余分なもの、煩わしいものを棄て去って、宴会の古い習慣を変え、平常の食事のあり方についても大きな影響を与えた」（前出『日本人はなにを食べてきたか』）

儀式的な要素が強かった本膳料理から、茶の湯の「侘びさび」の精神に裏打ちされた懐石料理へ。見た目の贅沢さではなく、温かい料理は温かい状態で食べること。つまり料理を味わうことに重きをおいた懐石料理の登場は、日本の料理史上の一大変革だったのだ。

江戸時代になると、饗応料理としての本膳料理の形式や茶の湯に伴う懐石料理は、一般社会に根をおろしていくことになる。

## 識字率の高さが料理書を生んだ

江戸時代の食文化のレベルの高さは、この頃すでに、各種レシピ本やミシュランのようなレストランガイド等が続々発刊されていたことにも表れている。

一六四三年（寛永二〇年）、日本で最初の本格的な料理書が刊行されている。それは『料理物語』というタイトルで、料理の素材や料理法を具体的に説明し、海の魚、川魚、きのこなど材料別の部と、汁の部、なますの部など、全部で二〇の部からなっている。

料理書が出版された背景には、世界的にも稀《まれ》に見る江戸時代の一般庶民の識字率の高さがある。大航海時代に日本にやってきた宣教師が書いた日本の訪問記（エッセイ）の中には、しばしば日本人の識字率の高さに驚いた様子が記されている。

こうした状況に裏打ちされ、当初は料理の専門家に向けたものだった料理書も、江戸中期以降は『豆腐百珍』をはじめ、知的に楽しめる読みものとして次々と出版され、一般庶民の人気を集めた。料理文化が爛熟し、遊びの要素を伴いながら庶民にも享受されていたことがうかがえる。

料理屋を相撲の番付のように「こっちが大関だ」「こっちが小結だ」と位づけし、みんなでわいわい議論しながら職人を育てていく文化もあった。料理に関する情報が広まり、競争原理が働いたことも、江戸時代の食文化の多様性や成熟の基礎にあったと私は思う。大都市江戸に形成された消費社会が、その発展を支えたのだ。

世界の食文化の歴史の中で見ると、江戸時代はフランスでは法律家、政治家であり稀代の食通でもあったブリア＝サヴァランが『味覚の生理学』を書いた時代にあたるのだが、フランスでは庶民がブリア＝サヴァランを読んでいたわけではないようだ。フランス革命が起こるのは一七八九年だが、それ以前は王侯貴族や富裕なブルジョワ層だけが文化の担い手だった。そこに日本の、世界との違いがあると思う。

### 「和」対「洋」の対立概念が誕生

周知のように日本では、明治維新を前に鎖国が解かれ、「和風」文化に対して「洋風」文化という第二の軸が誕生した。西洋列強と伍していくために欧化政策が推進され、宮中での正餐にフランス料理が採用された。肉食禁止令は解かれ、肉食、牛乳やチーズといった乳製品の登場等、西洋的な食文化がどっと入ってくる。もちろん、一朝にして人々の味覚は変わらないから、日本人がそれらをすぐに受け入れたわけではない。

しかし日本人は、押し寄せる洋風文化を和風にアレンジすることに長けていた。例えばその頃に誕生した「すき焼き」も、西洋の食文化である肉食を、和の食文化である醤油や出汁の入った割り下を使って和風に調味し、卵をつけて食べる。

今日においても、「洋食」と言われる料理、とんかつや海老フライ、カレーライスといったメニューも、西洋の人やインドの人が食べたら「自分たちの食文化から生まれたもの」とは思わないはずだ。日本に天ぷらをもたらしたポルトガルに行っても、あんなにこんがりした色の海老フライにはお目にかかれない。カレーにしても、インドではあんなにスパイスは使わないはずだ。

おそらく、日本で最高のとんかつ屋さんに連れていって喜ばない外国人はいないだろう。けれど、それが西洋から来た食文化だと言っても彼らにはわからない、納得できない。「それは日本人の料理だ」と言うはずだ。

それほど私たちの祖先は、どっと入ってきた西洋の食文化を自分たちで咀嚼し、換骨奪胎しながら洗練、高級化して、オリジナルなものにまで高めていった。食を含む日本の文化が、異文化を吸収しながら新しい価値観を生み出してきた進化の歴史が、明治期の近代化の荒波にも対応できるだけのポテンシャルを培っていたといえるだろう。

そこにも、和食の多彩さの理由がある。

## 日本版ミシュランの特徴

その多彩さ、豊饒さを示すのが、フランスから入ってきたガイドブック「ミシュランガイド」だ。同書は本国フランスから始まって、イタリア、スペイン・ポルトガル、ドイツ、イギリス・アイルランドなどヨーロッパ各国版が刊行されてきたが、二〇〇五年以降、ヨーロッパ外に進出を果たし、まずアメリカ、次いで日本で都市版（「東京・横浜・湘南版」「京都・大阪・神戸・奈良版」「北海道特別版」「広島特別版」）が出版された。

この日本版の特徴は、和食の中で「日本料理」「居酒屋」「精進料理」、そして専門料理の「寿司」「焼鳥」「串揚げ」「鰻」「蕎麦」等、多くのジャンルに分かれ、ジャンルの区別なく星がつけられていることだ。これは他の国の都市版ではありえない。例えばパリ版では、各国料理のジャンル分けはあるし、アルザスのシュークルートを食べるならここ、プロヴァンスのブイヤベースを食べるならここ、というように地方料理も紹介されているが、専門料理店のジャンル分けは存在しない。

ということは、ヨーロッパの審査員からみても、日本の食文化における専門料理の多彩さは極めて特筆されるべきものであり、一括りにして評価することはできないという「評価」の表れだと思う。外国人に和食の評価ができるのかという議論があるが、逆に外国人だからこそ、日本の食文化の本質（多様性）がよく見えるという側面もあるのかもしれない。

それほど日本の食文化は多彩であり、それぞれのジャンルで、専門であるがゆえの技術の洗練が見られる。高度な職人技が伝統を守りながらも何百年もの間に進化して、今日まで受け継がれていることは、私たちが誇るべきことだと思う。

## 調理師学校のカリキュラムも多様

食文化の多彩さのエピソードをもう一つ記せば、世界にある調理師学校の中で、日本ほどカリキュラムが豊富で充実している国はないという事実があげられる。

通常どの国でも、調理師学校のカリキュラムは自国料理とフランス料理、あっても中国・アジア料理程度だ。これに対して日本の調理師学校のカリキュラムには、日本料理はもちろんのこと、フランス料理、イタリア料理、スペイン料理、中国料理があり、さらに製菓も学ぶ。多様な料理を学ぶことで、それぞれの技術的な特徴がよく理解できるという利点がある。

しかもそれらのコースを目指して、近年では外国からも海を渡って生徒がやってくるようになった。韓国や中国、台湾、タイ等のアジア圏はもとより、オーストラリアからやってくる学生もいる。しかも彼らは日本料理（和食）ではなく、フランス料理を学んでいったりする。彼らに日本に来た理由を聞くと、日本の食文化が素晴らしいから、多彩なコースが学べるからという答えが返ってくる。

学ぶという点でも、日本は世界的にみてきわめて充実した国になっているのだ。

## 『NARISAWA』の試み

こうして江戸時代以降の和食の流れ、日本国内の食文化の変遷をみてくれれば、日本の料理文化がハイブリッドであることが納得いただけたと思う。

その延長線上の日本の最先端で、いまどんな料理が誕生しているのか。

それを示す例として、私は東京・青山にあるレストラン『NARISAWA』を紹介したいと思う。この店のオーナーシェフ成澤由浩さんは、辻調グループフランス校で学んだ経歴を持つ。「和食」をテーマにした本でありながら、もともとフランス料理から出発した料理人を紹介する趣旨は、すぐにご理解いただけると思う。

ここで提供される料理は、「森の料理」と題されている。

まず一品目に、竹筒に入れられた水が出てくる。「森のエッセンスです」というサービスマンの解説とともに竹筒を鼻に近づけると、ほんのりと木の香りが漂う。それを飲むことで、都会にいながらにして心を大自然の中に置いてほしいという意味なのだろう。

オードブルには、木の板の上に里山を思わせる盛り付けがあって、そこに「苔」と「炭」を模した料理が載っている。苔はオカラを使い、その上に木の枝にみたてたごぼうの皮やたらの芽などの山菜があしらわれている。炭は、タマネギを炭化して揚げ物の生地に練り込んだもの。精進料理のような「もどき」の演出が感じられる。その料理には自然と対峙し、自然と共に生きる日本人の精神性が前面に出ていて、茶の湯や懐石料理を思わせる。

パンは、食事が始まった早い段階で、最終発酵に入る状態でテーブルに出てくる。オードブルが終わるころに一二〇度に熱せられた石の器が用意されて、パンを二〇～三〇分放置して焼き上がりを待つ。やがて焼き上がったパンは、ほくほくでもちもち。木の芽と柑橘類の皮が練り込まれていて、食べるとさわやかな香りが漂う。

ついでだされた稚鮎のフライは、泳いでいる姿そのままで、腹を下にして盛りつけられている。「春の菜園」と題された野菜料理もある。全てにおいて、「自然と一体化する」という哲学が感じられる料理となっている。

私から見ると成澤さんの料理は、決してフランス料理を日本風にアレンジしたものではない。日本の食材を中国料理、日本料理、西洋料理のありとあらゆる技法を駆使しながら、彼流の懐石料理というか、ストーリー性を持った料理のコースとして完成させている。それができる技術力をもっている料理人なのだ。

成澤さんは、フランス校在学中から非常に優秀な学生だった。当時の担当教授に聞くと、「味覚と身体の動きと采配力が全て繋がっている料理人だった」とのこと。つまり、自分の脳裏に描いた理想の味覚に向かって、自分が腕を振るうだけでなく周囲の人間を使いこなすこともできた。その証拠に、今でも古典的なフランス料理をつくって頂くと、素晴らしい料理をつくる。技術的にも優れている。おそらく彼が不得手なのは、中国料理の大鍋を振ることくらいなのではないかと思う。

その彼がなぜ「森の料理」なのか。そこに私は、未来に繋がるハイブリッドな日本の食文化の姿を見たいのだ。

つまり、これだけ洗練されて高級化した日本の料理界では、美味しいだけの料理では物足りなくなっている。フランス料理とか和食とか懐石料理とか、既成の概念すら打ち破って、領域を超えた（ハイブリッドな）新しい境地が求められている。成澤さん自身も語っているが、その料理は「冒険的」であり、「発展途上」のもの。悩みに悩んで、次の時代の日本の料理文化を必死にイメージしようとしている作品だ。

その『ＮＡＲＩＳＡＷＡ』の努力や姿勢が間違っていない証拠として、世界の料理界からは最大級の評価が与えられている。世界の料理人や批評家、ジャーナリストが選ぶ「世界のベストレストラン五〇」において、『ＮＡＲＩＳＡＷＡ』は五年連続で選出され、そのうち三回はアジアのベストレストランに輝いた。

つまり日本の食文化を客観視している異文化からみると、その試みはまさに日本の料理文化のハイブリッドさを表しているものと理解されているのだ。

現在の世界の料理潮流を分析し、次に来る料理の仮説を立て、それを具現化しようとしていく努力。ただ見よう見まねで世界の技術を使うのではなく、他人が始めた流行の技術を真似るのでもなく、出汁一つ取るのにしても最良の素材を使って基本に忠実に、しかもそこから一歩踏み出して、何か新しい「美味しさ」に到達しようとする探究心。

成澤さんは、いずれも人後に落ちない。

そういう意味では、非常にユニークな人であり、孤高の料理人とも言えるだろう。

その姿にこそ、日本の料理文化がたどってきたハイブリッドな歩みの未来がある。
私はいまそう思いながら、彼のつくる料理に注目しているところだ。

# 第三章　「美食のコーチ」の必要性

## 出汁の味がわからなくなっているのか？

三つ星和食店『銀座小十《こじゅう》』の奥田透さんがパリに出店することを明らかにした。以前から注目していた素晴らしい料理人だが、最近のメディアでのインタビューで、奥田さんは「日本料理ひいては日本文化全体が、危機的状況にある」と語っていた（日経ビジネスオンライン二〇一三年八月九日）。そこで語られていた危機感はおおよそ次のようなものだ。

長引く不景気で、特に地方では五〇〇〇円を超える店にお客さんがきてくれない。和食を食べる人も減ってきて、ファストフードやコンビニで育った世代が三五歳の働き盛りを迎える頃には、日本人が和食を必要としない時代になるのではないか――。

すでに述べたように、いくら和食が世界的に認知され、念願かなってユネスコの無形文化遺産に登録されたとしても、日本国内で本物の和食は生き続けられるのか。若者たちにしっかりその味は伝承されているのか。柔道のように、本国がのほほんとしていると、いつのまにか世界に（柔道の場合はフランスに）中心は移ってしまうのではないか。

危機感とはいわないまでも、私の中にも不安があることは確かだ。

そうした危惧を持つ料理関係者の中からは、「今どきの若者たちは本物の出汁の味がわかるのか?」という疑問の声がよくあがる。

出汁に限らず、和食の味覚を把握するのは難しい。確かに、今どきの若者たちに「本物の出汁の味がわかるか」と問うても、満足な答えは返って来ないかもしれない。さらにいえば、現在の食を巡る環境が複雑になっているだけに、この手の議論を深めること自体が、非常に煩雑なこととなる。

そもそも出汁の味というものは、ある意味で「料理を支えているもの」であるのと同時に、「調味料的に使われる」こともある。だから、出汁だけを味わうということは、普通の料理体験ではあまりないはずだ。

和食をよく料理する家庭や、自分でも料理をする人なら、料理の過程で出汁の味を確認することで味覚を覚えることもあろうし、母から子へ伝承することもあるだろう。けれど、そういう習慣のない家庭に育った若者に「この出汁の味はどう?」と聞くのも酷な話だとも思う。もっとトータルに、「この料理は美味しい?」と聞けば、誰もが何しかの言葉を返してくるはずだけれど。

だが、和食の味の構成は、やはり出汁が決め手であることは間違いない。コンビニやファミレスで食べている和食にも、インスタントの粉末の出汁は入っている。それは、昆布と鰹節を厳選して適量とタイミングを考えて煮込んだ「本物の出汁」ではないが、それでも出汁は出汁だ。各メーカーともに非常に研究を重ねているから、それを一概に否定するのも無理がある。無理があるというよりも、本物かどうか一口含んだだけでは区別がつかないくらい、非常に美味しい粉末状の出汁がつくられているのだ。

そうはいっても、やはり和食を知るうえでは、本物の出汁を知っておく必要がある。その点でいうと、最近、ちょっと驚くような、頼もしいような話を聞いた。

当校が新宿で開いてきた「辻調塾」という勉強会に、最近『めざせ！　給食甲子園』という著書を上梓されたノンフィクション作家の神山典士《こうやまのりお》さんをお招きした。そのとき神山さんが連れてきてくださったのが、同書の一章の主人公にもなっている文京区のとある小学校で栄養士をしている松丸奨さん（二九歳）だった。

松丸さんは、幼いころ背が低く、病弱だったという。ところが当時の栄養士の先生が「お野菜を食べれば丈夫になる。君の大好きな野球の松井選手もお野菜をもりもり食べて大きくなったのよ」と教えてくれたことで発奮。食生活を徐々に改善することで背も高くなり、駆け足も速くなるという経験をしていた。そのことが忘れられなくて、長じて栄養士になり、学校給食を仕事とするようになった。以降、子どもたちが喜んで食べてくれる給食、苦手な食材も食べられるようになる給食づくりを目指して日々努力しておられる。その具体例として、「うちの給食の出汁は全て手づくりで、ラーメンの日には『大勝軒《たいしょうけん》』と同じものを、和食の日には『東京吉兆』と同じものを目指しています」と言うのだ。

松丸先生は、美味しい出汁の味を求める余り、つけ麵で人気の『大勝軒』や『東京吉兆』の裏口に廻って食材の段ボールから産地を読み取り、業者にそれと同じ産地のものを取り寄せてもらっているそうだ。もちろん給食は限られた材料費しかつかえないから、相当の交渉力も持っている人なのだろう。こういう給食を毎日食べている子どもたちは幸せだ。その食習慣がつけば、家庭でも「この出汁はちょっと薄いね」とか、「給食の出汁と味の深みが違うね」と言える子に育つだろう。

出汁だけではない。松丸先生は、毎年秋に開かれる「全国学校給食甲子園」大会に二年連続で東京都代表になっている。この大会のテーマの一つは「地産地消」だから、都内の「江戸野菜」の生産者を訪ねて、ふるさと産の食材の発掘にも余念がない。地元の食材を美味しく食べることで、子どもたちには故郷に対する愛情もわいてくる。

このような大会を通して栄養士の方たちも研鑽を積み、最近では多くの学校で給食の味も栄養バランスもメニューも豊かになっているという。その地道な努力には、頭の下がる思いだ。

だが、このような恵まれた給食で育つ子どもは例外として、その他の人はどうすれば味覚を磨くことができるのか。この章では、その点について考えを進めてみよう。

## 味覚は三代か？

古くから「味覚は三代でつくられる」などという言い方がある。けれど私は、味覚はそういう環境的な要因だけでつくられるのではなく、自覚的な訓練によって、長じてからでも形成できるものと信じている。三代にわたっての美食家の家庭など、いまではほぼ絶滅しているはずだから、そうでないと日本の味覚は途切れてしまうことになる。

もちろん、ファミレスやコンビニで味の濃い料理ばかり食べていると、舌がそれに馴染んで薄い味に満足しなくなる。より辛いもの、より濃い味付けのもの、油脂分の多いものを求めるようになってしまう。

けれども、感性の鋭い人がきちんと自覚的に良質な食習慣を維持していけば、別に三代続かなくてもしっかりとした味覚は育ってくるはずだ。

実のところ、当校でも、学生たちが高級なフランス料理のソースをつくる実習をやった後で、近くのコンビニで弁当を買って食べたりラーメンを食べたりしている。それはそれで仕方のないことだろう。料理人になるからといって、毎食高級食材でつくられた料理を食べることなどできるはずがない。

そういう学生にアドバイスしているのは、「時には贅沢をしろ」ということだ。一カ月しっかりとアルバイトしたら、それを貯めて、月に一度程度は「贅沢＝自己投資」すること。つまり、ここぞと狙い定めた高級店に出かけて、食事をすることだ。

しかもそのときは、「考えながら食べる」ことが大切だ。日頃から、考えながら食べる習慣をもっている人といない人とでは、長い間に絶望的なまでの違いがでてくる。

高級店に行った場合、考えるテーマは無限だ。

食材の状況、食材原価の予想、調理方法、味付け、サービスの状況、サービスのシステム、店内のテーブルの配置、お客様の動線、インテリア等々。

ただ料理を口に運んで「美味しい、不味《まず》い」といっていても進歩はない。料理とは総合芸術だから、あらゆる観点から「考えながら」食べると、おのずと味覚に対する審美眼も備わってくる。

そういう経験を重ねれば、出汁に対する自分なりの評価軸もできてくるというものだ。

## 和食の審美眼を磨くために

前述の通り、私は、異文化での生活が一〇代から二〇代半ばまでと長かったため、日本に帰国した二七歳の時から意識的に和食の味覚を磨くことを心がけてきた。

その際に指標にしたのは、料理人ごとの「お椀の味の違い」だった。和食、ことに懐石料理において、料理人はその修業の過程で「お椀の味はこうあるべし」と育てられるものだ。つまり店や師匠によって独特の味の表現の仕方があり、それが弟子たちに伝承されていく。

だから何の情報も持たずに新しい店に入っても、お椀を一口啜って「この料理人はどの流派に属しているか」「どんな修業経験を積んできたか」がわかる場合がある。

私は仕事柄、それがわかるようになるまで、懐石料理の老舗を訪ねてはお椀の味に細心の注意を払い「考え」ながら食べこんでいった。

もちろんお椀の味付けや中に入る椀種や出汁の使い方等は、地方によっても違うし、季節によって変えてくる場合もある。そういう細部にも注意をして、味わっていくこと。

そういうことを重ねれば、和食の審美眼も鍛えられるはずだ。

なにしろ日本人は、ワインに関しては世界でも有数の飲み手である。一般の人でもソムリエ資格に挑戦するケースもあるし、自宅でパーティーを開いて、お気に入りのワインに蘊蓄を傾ける人も少なくないはず。

ワインでできたのだから、和食でできないわけがない。お椀の味についても、料理人の腕を見抜く気迫で味わう人がいてもいい。ぜひ和食のファンには、そういうチャレンジもしていただきたいと思う。

## 最高のものを指標にする

味覚の鍛え方として「まず最高のものから経験する」というやり方がある。

世間的に「老舗」といわれていたり、雑誌等でよくみかけたりする料理屋に出かけて、そこのお椀をいただいてみるのだ。じっくりとその味を味わったら、ひとまずそれを自分の料理の基準とする。次の店、次の機会にお椀をいただくときには、その基準点に対して「その人なりの表現が現れている」かどうか。味付けの濃さはどうか、椀種と吸い地の相性はどうか、自分なりに評価していくのだ。ただこのとき、自分の年齢や体調によって評価が変わることもあることを知る必要がある。

私は幼いころから『高麗橋吉兆』の湯木貞一さんのお椀をいただいていた。帰国後も高麗橋や築地の『吉兆』の最高水準のお椀をずっと食べていたから、お椀の味に関してはそれが唯一の型だと信じて疑わなかった。

ところがその後、『瓢亭』の髙橋英一さんや、『本湖月《ほんこげつ》』の穴見秀生さんの料理をいただくようになってから気が付いたのは、年齢と共に嗜好も変わってくるし、技術の多様性ということにも開眼する、そしてそれまでとは違った大事なことが見えてくるという事実だった。

例えば、若手の料理人の店に行くと、出汁に使う鰹節で勝負しようとしてくる場合がある。鰹節を使えば、確かに出汁は濃厚になる。けれどどこかに酸味が残ってしまうケースがある。対して熟練の料理人は、鰹節だけにこだわらずに他の魚の厚削り等も使って、綺麗で高貴な、洗練された味を醸しだしてくることもある。

どちらの味が良いかではない。食べる人の好みの問題だ。どちらも素晴らしいけれど、年齢や体験を重ねてくると、そういう技術的な違いが手にとるようにわかる。それもまた、食べ手としては興味深いものだ。

お椀は基本的に、水、昆布、鰹節（魚介系の材料）、塩、醤油、この五つの材料でしか構成されていない。なのに、一〇人の料理人がつくったら一〇通りの味が生まれてくる。そこが面白いし、興味深い。味覚の深みをしみじみと感じるところだ。

例えば、『瓢亭』で、最後のご飯物と一緒に出てくるアイナメに葛をあてたお椀は、鮪節の出汁だ。物凄く重みがある。吉兆のお椀とは全く違った濃厚さだ。その素晴らしさに私が改めて気づくのには、やはり相応の年数と経験が必要だったのだ。

お椀は懐石料理の、ある種リトマス試験紙のようなものだといってもいい。料理人の実力が存分に出る。だからこそ、新しい料理人と出会うときはワクワクする。一口いただけば、それだけでその人の人格がにじみ出るような気がする。

## 料理は総合芸術

ちなみに、新しい出会いに期待するとはいえ、現実には店名も料理人の名前も全く世間で語られていないような、無名の店で本当に美味しい料理に出会えるかというと、残念ながらそれはとても難しい。私はまだそういう店に出会った経験はない。

小説やドラマの中では、まったく流行っていない、客もまばらな店で、とてつもない上質の料理が出て来る、といった場面もあるかもしれないが、そのような事態はまず起こらないと考えたほうがいい。

料理は全て同時進行だ。掃除の仕方、表方のサービスの態度。そういうものを見れば、その店でどの程度の料理が味わえるか、私には感じられる。逆に言えば、どこかに欠陥がある店の料理には期待できないということだ。

店のしつらえから女将さんの物腰、料理に使われる器のレベルまで、トータルなものが料理だ。だからいい店は店構えもそれなりのものになる。

そして、そういう店は最初は流行っていなくても、自ずと多くのお客さんが集まって有名店なり繁盛店なり話題の店になる。だから全くお客がいないところで料理だけが一級品ということは、ほとんどない。

同様に、コースの中でお椀だけが美味しいということはない。どんな若手でも、お椀が美味しいということは、それを味覚の軸として、その前後の料理もしっかり表現されていることを物語っているはずだ。そうであれば、料理全体が美味しいということだし、お椀が駄目ならば他も駄目だということである。

## 味わうために心がけていること

食事をするとき、中でも評判の店や話題の店に初めて出かけるとき、私がこころがけていることがいくつかある。

まず、あらかじめ批判的にならないこと。あるいは逆に、過剰な期待をしていかないこと。どれだけ自分の味覚に自信を持っていても、過去にどんな店で食べた経験があったとしても、まず自分の感覚を「無」にしてその料理に臨まないと、思わぬ落胆をしてしまうものだ。

高級料理店やなかなか予約がとれない店に出かけるときは、大切な友人や恋人、家族等と一緒のはずだから、期待に胸が膨らむのもわかる。けれど、期待はしてもいいけれど「こういう味であるはず」「こんな店であるはず」という予断をもって臨むと失望することが多いのだ。

自分を無にすること。料理に対して素直になること。そうでないと、作り手に対しても失礼なことになる。

他にも、私が常日頃から食事に出かけるときに心がけていることがある。

○食事中、料理が出されているにもかかわらず際限もなくぺちゃくちゃ喋る人とは食べに行かない。料理には、食べごろというものがある。例えば握り寿司は、付け台に置かれた瞬間が最も美味しい。酒を飲んだり喋っていたりして、いつまでも付け台に寿司を置いておくことは、食べごろを逃すことに他ならない。

○料理を主役にした食事会の場合、六人以上では行かない。これは、料理を出す店側への配慮でもある。父がよく言っていたのだが、和食店の場合、食器は一組五客が基本だ。それ以上の人数になると、ばらばらの器で出されることになる。またアラカルトで頼む店（専門料理等）では、六人以上になると、料理を同じタイミングで出すことが難しい。ばらばらの注文をすると、厨房は大忙しになって、繊細な作業が期待できなくなる。

○喧嘩する可能性がある人、食事中に議論を楽しめない人とは行かない。食事は楽しく美味しく食べるのが大切だ。仲が悪かった人と仲直りをするためならまだわかるが、喧嘩が始まったら美味しく食べられるわけがない。かといって、私の場合、あまりに寡黙な人も苦手だ。喋るタイミングがわからない人は駄目だけれど、心地よい議論ができない人とは行きたくない。

○料理や料理人、あるいは食材に対して敬意を持てない人ともあまり食卓をともにしたくない。料理に対する批評や、生半可な知識をひけらかされるのも困る。それを聞かされることほど苦痛なものはない。かといって、美味しいものを食べながら、無表情無反応な人もつまらない。その人なりの感想がほしい。美味しくものをいただくには、お互いの心に余裕がないと駄目なのだ。

## 体調の管理

ここぞという店に出かけるときは、自分の体調に関しては完璧にして行くべきだ。私は、お腹が空かないときは絶対に外食に出かけたくない。午後の三時ころにおやつを食べたり、遅めのお昼を食べたりしている人をみかけるけれど、それでは絶対に夕食で美味しく料理を食べられない。私の場合、一二時には昼食をすませたい。その時間に食べられないと不機嫌になるタイプだ。なぜならば、午後二時にお昼を食べると、夕方までにお腹が空かずに夕食が台無しになるからだ。

そういうときは、午後に時間をつくってでも運動する。自転車に乗ったり少し走ったりするだけでもずいぶんお腹の空き具合は変わってくるものだ。

寝不足や疲れ、心理的なストレスは、美食の最大の敵だ。私は、前夜飲みすぎたり仕事で徹夜に近かったりした場合、ちゃんとした食事をしたいときは、疲れているようなら、午後の時間にたとえ五分でもいいから横になって身体を休める。

これは作り手に対する礼儀だと考える。料理人は、当たり前のことではあるけれど長い時間をかけて仕込みをして、私たちに完璧な料理を出そうとしてくれる。私たち食べ手もまた、完璧なものを食べたいのであれば、それと対峙できるだけの覚悟で食事に臨みたい。料理を堪能するとは、そういう知的格闘でもあるはずだから。

### 店のローテーション

また、これは食べることが仕事と結びついているからという面はあるのだが、私は、その月の夕食にいつ何をどこで誰と食べるか、ひと月前には決めている。どの店でどんな料理を食べるのか、どんな種類の料理をどうローテーションさせて食べるのかを考えて予定を組むのだ。

その中には、長年通いつめていて、数カ月に一回はいかなければならない店が一〇軒以上はある。第一章で述べた銀座の和食店のように、季節感のある演出、食材、料理を月替わりで出してくれる店には毎月通わないわけにはいかない。その年の、その季節の食材を、その料理人がどう調理するのか。それを確認というか、味わっておかないといけない店という意味だ。

それ以外には、やはり常に新しい店なり料理人にチャレンジしなければいけないと思っている。信頼している味覚の持ち主のもたらしてくれる情報を厳選しながら、常にアンテナを張って新しい感性に出会いたいと思う。そのためになら、どんなに忙しくても時間をつくってでかけていく。

実感としては、そんなに簡単に新しい感性などに出会えるわけではない。よく「一〇年に一人の逸材」などと言うが、そんな逸材には、生涯で何人かしか出会えないし、ましてや自分で見いだすことはほぼ不可能だろう。

だから私が期待しているのは、新しい味の組み合わせに対する挑戦であり、和食でいうと、その枠は守りながらも発揮されるその人の感性との出会いなのだ。

技術的に上手な人はいくらでもいる。けれど、それよりもすごい感性の持ち主と出会いたい。技術力の発見にも喜びを感じるけれど、感性や知的レベルの点で新しいものと出会うと、無性に喜びを感じる。興味を掻き立てられる。仮に、多少それが味覚的に私の性には合わなくても、その感性を楽しめる料理というものもあるものだ。あくまで和食の枠内で可能な粋な表現を追い求めれば、そこにはまだ無限の可能性があるはずだ。

## 職人の中間層のレベルが高く厚い日本

日本では、世界が驚くような感性や誰もが天才と認める料理人の登場は稀にしても、技術的にしっかりした中間層の職人のレベルは高いし、層も厚い。それは日本の強みだと言っていい。今の日本には美味しいものはいくらでもある。カウンターに座って、こんなに美味しいものが食べられる国は、世界的に見ても稀だ。

天才的な料理人を見つけたいなら、今や全世界を視野に入れて食べ歩きをしなければならないだろうが、日本ほど熟練の職人技を堪能できる国はない。日本の食文化の強みは、中間層の料理人の技術力、知識の深さ、そしてその数が圧倒的に多いことだ。世界的に見ても、その層の厚さはナンバーワンだろう。

例えば先日、兵庫の芦屋で、ラグビー元日本代表の平尾誠二さん（現・神戸製鋼ラグビー部ゼネラルマネージャー兼総監督）に『コシモ・プリュス』というフランス料理店に連れていっていただいた。平尾さん曰く、「僕が贔屓《ひいき》にしている店がある。辻君がどう思うか、聞いてみたかったんや」。

季節は初夏だったので、鮎料理が出た。この季節、最近の若い年代のフランス料理のシェフは、鮎に挑戦する。私の経験からして、鮎をフランス料理の中で表現して成功しているケースは多くなかった。すごく難しい食材なのだ。

しかしこの店の小霜浩之シェフの料理は見事だった。鮎の内臓を溶いてカカオと一緒に混ぜて、ピュレをつくる。身は骨を抜いて、腹身のお腹の部分と後ろの部分、そして尻尾の部分の三つに分け、軽く小麦粉をつけて揚げている。それを、先のピュレ、キュウリのジュレと一緒に混ぜて食べさせる。鮎とキュウリは相性のよい食材だから、これがよく合っている。鮎の定番である蓼《たで》は使っていない。キュウリのジュレとカカオの香りで鮎を食べさせて、見事に合うのだ。

揚げ方も卓越しており、鮎のほんのりとした苦味も残っている。鮎の内臓の苦味をカカオで消しすぎずに、カカオの香りを残しつつ、内臓の香りを醸し出してソースにしている。

若い料理長なのだけれど、しっかりした技術だ。芦屋の住宅街にある八卓程度のそれほど大きくない店だ。

ここ数年、そういう店や料理人と出会うことが少なくない。すごく新しい発見ということではないけれど、こういう料理もできてきたのか、新しい料理人が生まれたんだなという喜びに浸れる瞬間だ。それだけ一般的な店のレベルが非常に高くなったし、技術力が安定してきているのだ。火の通し方の技術データや低温調理のデータの共有が業界全体でできてきているから、技術をもっている料理人なら誰でも新しい調理法が使えるようになっている。

日本で料理を味わうならば、そういう職人と出会って、その技術をしっかりと味わうことだ。むしろ若い料理人と出会い、励まし、互いに客と料理人として高めあっていくことも大切だ。それは日本ならではの幸せだと、私は思っている。

## 旬を知らない若者たち

当校で今どきの若者達の味覚や食べ物に対する態度を観察していると、まず言えるのが、「知らない」ということだ。「知らない」と言うよりも、季節ごとにどんな野菜ができるのか、海や山ではどの季節にどんなものが採れるのか、実際に目にし、触れる機会があまりに少ないと言うべきなのだろう。社会状況を考えると、いたしかたないのかもしれないが。

いわんや、日本のオート・キュイジーヌ（本格的な懐石料理）に触れる機会のある若者は少ない。当校には地方出身の若者が多いから、郷土料理や家庭料理はよく知っているけれども、幼少期から地方の高級料理屋さんに行った経験がある子は稀である。

そういう若者たちに、本物の和食文化を伝承していくためにはどうしたらいいか。本物のお椀の味に出会うためにはどうしたらいいか。若者だけではなく、実は大人にもそれがわかる人は少ない状況だし、本物を味わえる懐石料理店が少なかったり、余りにも高価だったり、入りにくい雰囲気だったりする状況もあるから、本当に難しい。難しいけれど、いくつかそれをクリアするためのヒントはあるだろう。

その一つとして、私は「コーチング」という概念が必要だと思っている。

## コーチングとは何か

料理における「コーチング」とは、その人のもっている感性を引きだすことである。

和食のビギナーがこの世界に入って行くときに、その隣にコーチがいたらどんなにいいだろう。もちろん私には、父・静雄という得がたい教育者がいた。私にとっては、『吉兆』で、父と湯木さんの会話を黙って聞いていたことが、なによりの勉強だったことは間違いない。

あの店では、私は一言も喋らなかった。聞くことに、神経を集中させていたのだ。父の存命中、一五年以上も通ったことになるけれど、何か聞かれたときは別にして、自分からは一言もしゃべらなかった。

もちろん、二人の会話があまりにも濃密で、子供心に生半可なことで口は挟めないという感じがあったからだ。とにかく父が良く話すのだ。そして何事につけても、良く聞く。質問する。これでもかというくらい、湯木さんに問いただす。メモは一切とらない。全て記憶する気迫で、質問を重ねていく。

そしてまた、湯木さんがそれにいちいち懇切丁寧に答えてくれる。何を聞いても「わかりません」ということはない。問われること全てに、秘密や隠し事はなく、答えてくれていたと思う。父は、いちいち確認したり裏を取ったり、「ちょっと待って」ともう一回話を戻したり、元ジャーナリストらしく質問を重ねていった。

かつてこの二人は、ヨーロッパの超一流レストランとホテルを旅して、美食の限りを尽くしたことがある。その様子は、のちに『ヨーロッパ一等旅行』という書物にまとめられたが、旅の最中にも父は湯木さんに料理のことを根掘り葉掘り聞いていたに違いない。のちに湯木さんの料理哲学を徹底的に聞き出した対談集『吉兆料理花伝』の一冊に結実した。

湯木さんは、そのときの様子を『吉兆味ばなし』で書いている。身内の方々がみな、「そんなに料理の手のうちを全部明かしてしまってどうするんですか」と言ったとき、湯木さんは、こう言ったという。

「何言うてんねん、いくらでも引き出しはまだあるわい」

隠すよりむしろ、さらけ出すことによってさらにまた新しいものを生み出していける。そういうことだったのだと思う。

そういうやりとりが、私の料理への最大のコーチングだったことは間違いない。

## 料理人の年齢当てクイズ

もちろん、こんなコーチがそばにいることは、普通では考えられないから、もっと一般的なコーチングについて考えてみよう。

我が家でのもう一つのコーチングに、「料理人の年齢当てクイズ」という遊びがあった。両親と姉と家族四人で懐石料理店や地方の温泉旅館などに出向いた際に、父は必ず私たちにこう問いかけてきた。

「この料理をつくった料理人の年齢は何歳ぐらいだろう?」

もちろん、私たちはその料理人に会ったこともない。初めてでかけた店の場合もある。けれどその料理には、おのずとその料理人の人格とか年齢が表れるはずだというのが父の考えだった。

はじめは私たちも遊び半分、興味本位だったが、何回もくり返すうちに、なんとなく料理の内容から、その人の年齢がわかるようになっていった。

メニュー構成、味付け、肉や魚等食材の使い方、包丁の入れ方、盛りつけ方、お皿の選び方、等々。いつのまにか私は、だいたい五歳以内の誤差で当てるようになっていた。

そこから料理への興味をかきたてられたし、料理自体に興味を持った。いまから思えば、父はそうすることで、私たちが自然と料理への関心を持つように仕向けてくれたのだろう。また料理には人格が出るということを、子どもの頃から感じることにも繋がった。

ある意味で、わかりやすいコーチングだったのだ。

味を学ぶ

長じてくると、和食の味付けでは、煮物に興味の中心が移っていった。煮物は、野菜を煮る技術等に、お椀と一緒で複雑な構図がある。

大体どんなに多くても、使われる野菜は三種類だ。その三種類の味を確実に分けて、それぞれの野菜の火の通し加減を調節する。それを一皿の中に盛りつけて、三種類の野菜の味や食感を楽しんだあとに、一気にすっと煮汁を飲む。そのときの煮汁の味が勝負だ。そのフィニッシュのさせ方が、煮物をつくる人の最大の技といっていい。最後に飲む煮汁。それを飲むときにどういう味になるか、そこまで完結していないといけないんだと、父と湯木さんには教わった。湯木さんの口調はこんな調子だ。

「この味、瓜はこっちでなきゃあきまへんねん。茄子はこの味やないとあきまへんねん。この苦みが残らんとあきまへんねん。それだけじゃないんですわ。最後器持って、ひゅって飲みほしたときの味が大切でんねん」

その言い方がいまも脳裏に残っている。この湯木さんの言葉からは、日本料理の味覚が古き時代からどのように継承されてきたか、うかがえるように思う。

例えば茄子の季節。茄子、瓜、鴨に葛をあてた煮物を前に、「葛の味は濁ったらあきまへんねん」と教えてくれた。

完璧な煮物においては、それぞれの食材が別々な味を持ちながらも、最後の煮汁では一つになる。それが濃くてはいけない、みだりに濁っていてもいけない。最後はひとつの味として完結しなければならない。

逆にお椀は、最初の一口の味と最後の味とは違わなければいけない。最初薄いかなと思って食べて行くとだんだんとしっかりした味になっていく。ワインを味わうのと同じだと、父は言っていた。

このように味わいのポイントを指導するのが、コーチの役割だ。

## コースのピークと演出方法

コーチには、コース全体を俯瞰する能力も必要とされる。

懐石料理のコースは、最初は薄味で入っていかないとあとの五品を食べるときに疲れてしまう。一品一品が完璧な料理、味付けでなければいけないのと同時に、懐石のコース全体にはストーリー、つまり山があり谷があり、全体を通して一編の物語になっていないといけない。

そしてそこには、ピークがある。料理人の得意料理、スペシャリテ、その季節の希少な食材を使った料理、秘伝のレシピを使った料理、そういうものがピークとなる。コースのどこにどんな状態でそれをもってくるのか、その料理でお客様に何をアピールしたいのか、それが料理人の技量とセンスになる。そのピークを際立たせるために、その前後の料理の味付けを調節することも、料理人の大切な技量だ。

例えば『吉兆』の料理のピークは、八寸だった。コースの前半の最後に、豪華絢爛な八寸が登場する。それは非常に立体的かつ生命力あふれる盛り付けで、視覚的にも楽しむことができた。例えば五人で小部屋のテーブルを囲んでいると、五人の仲居さんがずらっと並んで襖を開けて八寸を運んで来る。そのときのお客様の目線、どう見られているかまで計算しつくされた盛り付けだった。

もちろんそこには季節も大切な要素として加わる。夏だったら蛍を模したものが入っていることもあれば、神社の夏越しの祓《はら》えの「茅《ち》の輪くぐり」を模したような演出もあった。

なぜそういう演出が施されているのか。なぜいまその演出なのか。コーチとしての父は、そういうことも微にいり細をうがって解説してくれたものだ。

そこにこそ、日本料理の「枠」がある。だから、優れた料亭や懐石料理店に行けば、そこで食べることで日本の文化なり、日本人が持っている風習なりの造詣も深くなる。店側もまた、月ごとにテーマを持って料理をつくり、演出する。

そういう森羅万象の知識を学ぶのも和食をいただくときの醍醐味であり、コーチの最大の役割であることは間違いない。

### 料理の共通言語を見つける

前述の通り、和食のビギナーにとって、周囲に適当なコーチがいるということは稀だろう。料理の解説を頼む人はもちろん、店の選択や予約を相談する人もいなくて、その段階で迷ってしまい、怖じけづいてしまうケースは十分に考えられる。

そういう方には、カウンター割烹の利用をお勧めする。本来ならば料亭で本格的な懐石料理をいただきたいところだけれど、それでは入りづらいから、近場にあるカウンター割烹を予約して、まずは客席に座ってみることだ。

そして、出される料理をいただいて自分なりの感想を持ってから、目の前で仕事をしている料理人に機をみてあれこれ質問してみるといい。

「なぜこの料理はこうするんですか?」「どうしてこの季節はこの調理方法を選ぶので

すか？」「今日のこの料理はどのような意図でつくられたのですか？」等々。お客様なのだから、臆せずにとにかく気になったことを聞いてみるといい。私は、いまだにこの年齢になっても、「この魚だとこの調理法なのに、なぜ別の魚だと違う調理法になるんですか？」「なぜ山菜はこの調理法でしか生かしきれないんですか？」等々、常に気になったことを料理人に聞いている。場合によっては、ある程度知っていることについて聞くこともある。

料理に関してものを聞くことは、恥ずかしいことでもなんでもない。むしろある程度知っていてもそのことを聞いて、自分の知識レベルを料理人に知らせないと、共通言語＝接点ができない。

くだらない質問などない。「ちまきって何ですか？」というレベルでもいいと思う。自分でカウンター割烹を予約して席について、料理を選んで食べだしたら、とにかく質問することだ。それが和食の味覚を学ぶ第一歩になる。

## 料理人のやる気を引き出す

もちろん、料理人の中には職人気質で口下手な人がいるのも確かだ。お客様と対面するカウンターで仕事をしていても、あまり喋るのは好きではない人もいるし、料理については教えたがらない人もいる。

そういうとき、最初は気まずくなるかもしれないけれど、あなたはお客様なのだ。教えてほしいときは、その料理人が教えてくれるまで頑張ることだ。あるいはどうしてもウマがあわないと思ったら、教えてくれる料理人と出会うまで店を替えて頑張ればいい。聞き続けること、絶対に怯まないこと。それは客としての権利だ。

私の場合、そういう料理人と出会っても、けっして怯まない。怯むどころか、喋るのが苦手とわかったら、どんどん突っ込んでいく。「この調味料はどういう配合なんですか?」「この隠し味は何なんですか?」等々。感じることをどんどん言い続ける。すると、向こうも何か言わざるをえない状況になってくる。最初は質問に答えるのに躊躇していても、もう一回ひねって、「この香り、さっきのとはどこか違いますよね」と言うと、仕方なく、「実はこれは……」と答えが返ってくる。「言いたくないけど言わなくちゃいけない」というところまで追い込めたら、こちらのものだ。

言葉が過ぎるかもしれないが、それは警察の尋問に近いのかもしれない。容疑者（料理人）が「落ちる」瞬間まで追い込む。すると料理人は、言いたくないなと思いながらも、ああしょうがないなと語りだす。その瞬間の、ニヤリとする料理人の笑顔。職人の綺麗な表情が垣間見られることが私の喜びなのだ。

以前、長野県の佐久地方で鯉こくをいただいたとき、その鯉こく料理が他の店と違う味になるのが不思議で仕方なかったことがある。その料理人にしかつくれない鯉こくなのだ。どこまで鯉の出汁を取っているのか。白味噌のお椀が最後のご飯ものと一緒に出てくるのだが、この白味噌はどこの味噌なのか。どことどこの味噌を合わせたらこういう辛みになるのか。

それらが不思議で不思議で、徹底的に料理人に聞きまくった。

すると、次にその店に行ったときに、料理人は私のことを覚えていてくれて、

「今日は前にもまして美味しい鯉こくを召し上がっていただきます」

と言い、本当に素晴らしい料理をつくってくれた。

こうなったら、しめたものだ。料亭でも割烹でも、料理人がお客様のことを理解して、あの人に食べさせたい、あの人にこの料理を振る舞いたい、あの人をうならせたいと思ってくれるようになれば、客としても本望だ。またそう思わせる客になることが、美味しい料理に出会うコツでもあると思う。

料理人は誰でも、ここぞというときは、「俺の力量を見せてやる!」という気迫でお客様に対峙するものだ。「今日はあの人が来るんだから仕入れから頑張ろう」と思えば、おのずと美味しい料理ができあがる。父と湯木さんの関係は、まさしくそうだったと思う。父が店に行く日には、湯木さんは板長が見せたお品書きを全部書き直すこともあったそうだ。

ビギナーであっても、その姿勢だけは真似ることができる。若者が自分のお金で店に食べにきて、真剣な質問をくり返したら、料理人ももう一品つくってやろうかと思うかもしれない。こいつは将来いいお客さん(食べ手)になると思ったら、料理人もその人をしっかりと記憶して、前にきたときとは違うメニュー、その季節で食べてほしい食材を出してくるはずだ。

客として料理人に存在を覚えてもらうことは、すごく重要なことだ。それもまた、和食の味覚修業の大切な要点の一つだ。そういうお客様が増えていくことが、和食の未来に繋がることは言うまでもない。和食の未来をつくるのは、料理人だけの仕事ではないのである。

第四章

# 和食の真髄が見える瞬間

## ブレない料理人たち

――この人の料理は、なぜこれほどまでに芯がしっかりとしていて、和食の本質がブレていないのだろう。

多くの料亭や懐石料理店を訪ねて食事をいただくとき、私には様々な思いが湧き起こる。

料理をいただくときの興味の最大のポイントは、「和食の枠（本質）をしっかりと捉えているか否か」。

第二章でみたように、日本の食文化は長い歴史の中で、世界の影響を受けながら徐々に固まってきたものではあるが、今日においては、しっかりと世界の料理文化の中でその独自性を保持している。

まず、季節ごとの食材としっかりと向き合って、あらゆる技術を駆使し、その食材の真髄ともいうべき味を引き出していること。

その味を形成するものは醤油、酒、みりん、味噌など数少ないが、いずれも何百年にもわたって培われた製法により生まれた加工品であること。

そうした調味料とともに出汁が味の礎《いしずえ》となって、常に一つ一つの料理を支え、食材の味を引き立てていること。

こうした和食の特質が料理に十分に生かされていると、冒頭のような思いが胸に湧いて、ほのぼのと温かい気持ちになる。

和食には枠があるが、実はその解釈はかなりの部分まで各料理人に委ねられている。その中で枠をいかに自在に拡張できるかが腕の見せ所なのである。

そういう観点で見ると、佇まいやしつらえには現代的な装飾が施されていても、料理はしっかりと「和食の本質」を表現している店もあるし、逆に、表面的には日本の料理文化の伝統を踏襲していても、その料理を口にした瞬間、「あれ?」と疑問を持ってしまう料理に出会うことも少なくない。

時に懐石料理を標榜する店でそのような疑問を持つ料理に出会うと、少し気分は塞いでしまう。

——こんな小細工をしなくていいのに。もっとしっかりと和食の伝統に基づいて料理をつくってくれたらいいのに。なんで世界の料理界の表面的なモードや新しい料理技術の影響をこんなに安易に受けてしまうのだろう。

そう感じることもしばしばだ。

それほど、今日の日本の料理界において、日進月歩で進化する世界の料理技術の影響は大きいし、その大きな波に飲まれてしまっている料理人も見受けられる。もちろん、情報も流通もグローバルになった今日、和食の料理人も世界の料理の潮流を無視することはできないし、お客様の嗜好に添うように、新しい食材や調味料の調達、技術の習得も必要となる。

けれど、世界から受けた影響で、和食の軸がブレてしまっては元も子もない。世界の情報や食材を取り入れつつも、和食の軸がしっかりした、独自の進化はありえないのだろうか。

そう考えたとき、私には、「これぞありうべき姿」と感じられる何人かの料理人がいる。

不思議なことに、私がそう感じる素晴らしい和食の料理人たちは、現在の料理界では「アバンギャルド」と呼びたくなるような人ばかりだ。あくまでも和食の本質を追求している人なのだが、そのスタイルは「前衛」と呼ぶに相応しい。

ここに紹介する方たちは、和食の本質に対しては「前衛」でありながら、決してブレていない料理人たちだ。

**メインディッシュはご飯と目刺し**

京都、銀閣寺から西へ、今出川《いまでがわ》通を進むと、その料理屋はある。

『草喰《そうじき》　なかひがし』

小さな町家づくりの店構え。その入り口には、古い木札に墨筆で「お竈《くど》はんの御飯に炭火の肴と山野草を添えて」とある。

店内はその言葉のままに、一階一二席のカウンターに囲まれた中央に、深い朱色の「お竈さん」（かまど）が鎮座している。手前側には、信楽焼の土鍋をのせる二つの竈。向こう側には、食事の間じゅう常に魚や野菜等がのっている炭火の焼き台。檜ではなく杉の一枚板だというカウンターは、店主の中東久雄さん（六一歳）が一九九七年の開店以来、渋柿や漆で磨き込み、侘びた茶色に鈍く光っている。

「わたしらここで、お竈さんのご飯が炊けるまでの間に、ちょっといらんもん出してるだけです」

中東さんは笑って言うが、京都人独特の控えめの表現の奥に、どれだけの深みと重さ、そして京都大原を中心とした大地に生まれる野菜や野草、山菜への愛情が込められていることか。

「最後にご飯と目刺しでしめくくってもらおう思てますから、それまでの間に鯛や平目は出せないんです。目刺しやご飯を超えるもんをだしたら駄目なんです。ご馳走だしたらあかん思てます」

この言葉通り、『草喰 なかひがし』のテーマは「あたり前でありながら特別」。いかに非日常を演出しようかとやっきになる他の店とは一線を画し、「日本人の食べてきたあたりまえのご飯と目刺し」を最高の料理として、そこに季節の野菜や野草、山菜を中心とした料理を添える。

だが、毎月一日に始まる翌月の予約申込みは瞬時にいっぱいとなり、京都でも指折りの「予約のとれない店」と言われる。それだけでなく、「世界を駈けるシェフ」と呼ばれるアラン・デュカスさんを筆頭に、日本にくるたびにこの店の料理を食べに、そして中東さんに会いに来る世界の料理人は引きも切らない。

カウンターに座り料理が饗され始めると、中盤で小さなお碗に一文字によそわれた「煮えばな」のご飯が出てくる。カウンターの中央に位置した中東さんは、一二名のお客様の食事の進み具合、顔色、反応をしっかりと見ながら、やわらかな京都弁で解説してくれる。この店では、中東さんは料理人であると同時に、お客様にとってはコーチでもある。

「これはお茶事で出すご飯です。まだ炊き始めて間もなくて、お米にかすかな芯があります。お茶事いうのは、このご飯をいただくためにあるようなもんで、あなたのためにご飯を炊きましたよという意味です」

中東さんの生家は、京都市とはいえ遥か北部の山奥「花脊《はなせ》」にある、摘み草料理で有名な料理旅館『美山荘《みやまそう》』だ。立原正秋、白洲正子ら文人にも愛されたこの名料亭で兄の下で約二七年間働き、兄の死後独立して、この地に店を構えた。そのとき先輩に言われた言葉は、

「あんたが『吉兆』さんの料理を目指してなんぼ頑張ってみても、『吉兆』さんには素晴らしい器も道具もあるし、素晴らしい食材を使《つこ》てはる。かなうはずがない。ならばあんたは『吉兆』さんの反対を目指してみたらどうや」

――『吉兆』さんではご飯は最後に出る。ならば先に出してみよう。

その言葉と、お茶事の最初に炊きあがったばかりのご飯が出されるしきたりにならっ

て、中東さんはこのスタイルを生み出した。当時を振り返ってこう語る。

「まだ独立前に、東北の冷害でタイからお米が緊急輸入されたことがありまして、そのとき信楽の友人の釜屋が、少しでも美味しいご飯がたべられるようにって、お竈さんで茶釜で炊いたご飯を食べさせてくれたんです。一口食べたときに『いやぁ美味しいご飯やなあ』って。子どものころお竈さんで薪で炊いたご飯の味がしたもんですから、これだと思いました」

こんな美味しいご飯があったら、三度三度食べても飽きない。ただ、美味しい漬け物と目刺しをそっと添えればいいだけだ。この店を開いた九〇年代後半、日本経済はバブル崩壊後で疲弊しきっていたから、「飽食の時代から粗食の時代へ」という転換点でもあった。いまこそ、日本の料理文化の真髄をお客様に訴えるときだと、中東さんは思ったという。

もちろん、美味しいお米を炊くためには、お竈さんだけでは足りない。美味しい水が不可欠だ。中東さんは美味しい井戸水がある場所にこだわって、いまの地に店を構えた。

## 一皿ごとに酒を選ぶ

料理のスタートは、干した小鮎に、トウモロコシ、味噌納豆、ナス、ホオズキ、アカザ（自生する野草、極楽浄土に導いてくれるという）などの野菜を使った料理が素朴ながら力強く立体的に並ぶ先八寸だった。キュウリを干しえびの出汁で炊いたものの上にゴマ豆腐とすったキュウリをのせシソの花を添えた一品。丹波のつくね芋をすり下ろして白味噌仕立てにし、パプリカと茗荷を添えたお椀。友釣りの鮎の塩焼きには、自生するクレソンをすりつぶし、酢を加えたソースが添えられている。鮎料理の定番である蓼は使わない。鮎を食べ終えてもまだそのソースが残っているのを目ざとく見た中東さんは、「どうぞ飲み干してみてください」と言う。なるほど、これ自体で酸味がきいた美味しいソースだ。

この鮎が出てきたときに、中東さんはカウンター下から細身のシャンパングラスを出してきた。「これで合わせて飲んでみてください」。そういって、お客様全員にシャンパンを振る舞う。この料理だけでなく、ポイントとなる皿にはそれに合わせて、ナイアガラ種のブドウを使った甘口のワインやキレのある日本酒等を冷蔵庫から出してくる。

料理ごとに酒を合わせるというのは、実にフランス料理的なサービスだ。日本の料理と酒の文化では、料理に地元の良質な酒を二、三種類合わせることはあっても、フランス料理とワインのように、皿ごとの香りや味に合わせて酒を替えるという発想はない（フランスでは、料理と酒の組み合わせが絶妙な場合、「マリアージュ」＝結婚＝とすら言う）。

実は中東さんは、世界を飛び回って最先端の料理を食べ歩く「探求の人」でもある。二一世紀初頭の料理界で一世を風靡したスペインの『エルブリ』をはじめとして、フランス、イタリア、北欧、アメリカ（ニューヨーク）等、忙しい最中に三〜四泊の強行日程を組んで話題のレストランを訪ね歩く。もちろん日本国内でも、全国各地の料理を食べている。その行き先は、日本料理よりもむしろフランス料理店やイタリア料理店のほうが多いという。ご本人は「あまり酒は飲めません」というが、一皿ごとに合わせた酒を選ぶのは、まさにこうした探求の成果であり、柔軟な発想の賜物だ。

料理に酒を合わせる発想は素晴らしいですねと声をかけると、

「えろすみません、西洋かぶれで」

といって照れ臭そうにした。そういう仕種が、中東さんのチャーミングなところでもある。

そしてこうも言う。

「料理には必ず雑味が出ます。それがなく喉にすっと入っていくのは日本の出汁と韓国のもやしスープくらいのもんです。その雑味はアルコールで流すといい。うま味がすっと鼻に抜けて料理が三倍美味しくなります」

そのためのアルコールの吟味も、中東さんの「おもてなし」なのだ。

## 野菜が語りかけてくる

そしてもう一つ、『草喰　なかひがし』の最大の特徴が野菜だ。各皿にもられた野菜は、いずれも深い味わいで、その季節ならではの食感、色合い、味付けで出されてくる。

ある皿には、鮎のテリーヌに添えられたイタリアントマトがあった。

中東さんが言う。

「あるとき大原のおばあちゃんが、まだイタリアントマトなんてあまり出回っていない頃ですが、『こんなものができたさかい、ちょっと使《つこ》てみてくれへん』というので買ってきました。うちはイタリア料理じゃないのに、どうしようと思ったのですが、畑で眺めていたら『昆布を入れて炊いたら和食になるな』と閃《ひらめ》いた。この頃はわりあい、おでんやさんなんかでもトマトをいれてるとこがありますけど、恐らくイタリアントマトを出汁で炊いたのはうちが最初やないかと思てます」

この言葉通り、中東さんの野菜は、ほとんどが大原の農家でつくられるものだ。中東さんは毎朝大原に真っ赤な車で通い、畑では農家の人達と会話を交わし、野山に分け入っては野草や山菜を摘んでくる。そして、こうも言う。

「店をオープンするときに、農家の人に言われたことがあります。『あんたら料理人は安く買えると思って畑にやってくるが、わしらは野菜をつくってるんとちゃう。わしらは土をつくってるんや。野菜はええ土をつくった褒美に神様がくれはるもんや。あんたらはすぐにできのええモンばかり持って帰ろうとするが、うちの野菜がほしいんやったら曲がったのも腐ったのも全部もっていき。それをどう使うか考えるのが料理人やろ』、と。だから私は毎朝大原に行って、農家の人の言い値で全てわけてもらいます。時間があれば『草引かせてな』といって、草取りもします。そうやって信頼関係をつくらな駄目です。真っ赤な車で行けば、『今日もきてはる』とわかってくれる。それは私にとっては、自然と同化するということなんです」

中東さんは、かつて若いころフランスを訪ねたときに、飛行機の窓から大地を見下ろして「こんな赤い土やったらええ野菜はでけへん」と思ったという。実際、フランスの畑に立ってみると、木の枝になるブドウやイチジクは味が濃くて美味しいけれど、日本のように甘くて美味しい大根やゴボウはない。ほうれん草の葉もゴワゴワだ。それらは全て、大地が持っているミネラル分が多いからだと気づいた。そういう特徴があるから、外国の野菜はバターや出汁、生クリーム等を使って味を引き出している。

それに対して、日本の野菜はみずみずしく柔らかい。生でも美味しく、余分な調味料を使う必要がない。種類も豊富で、季節ごとに旬の種類が多彩に変わる。かつて『草喰なかひがし』で野菜料理を堪能したアラン・デュカスさんは、中東さんに頼み込んで翌日大原につれていってもらい、畑の野菜を引っこ抜いて土がついたままバリバリと齧って喜んだという。

「その代わり、日本の野菜はデリケートですから、どうやって食べたら美味しいか、畑で野菜の声を聞かななりません。いくらでも調理方法はあります」

と、中東さんは語る。さらに、

「すき焼きは肉料理ですか？　高い高いお肉を食べるのに、砂糖と醬油入れて煮込んで卵を付けて食べたら肉の味しますか？　肉の三倍も四倍も野菜を入れて食べるんだから、あれは立派な野菜料理ですよ。野菜とともに生きてきた日本人でなかったら考えつかかない料理とちがいますか」

この人に言われると、「なるほど」と頷くほかない。

## 日本から西洋へ、西洋から日本へ

そのイタリアントマトの隣の鮎のテリーヌ。身を磨り潰して塩だけ入れ、蒸して固めたという。その由来もまた、興味深いものだった。

「あれはとある大阪のフランス料理店にいったとき、スープの上に鮎をテリーヌ状にして浮かしてはったんです。それをたべさせてもろたときに『なんや、鮎のつみれやな』と言ったら、料理長が『実はこの料理は以前、美山荘でいただいた鮎の料理を参考にしています』いうから、『ほんじゃ私もこちらからいただきますわ』いうて、参考にさせてもろた料理です」

そういって愉快そうに笑う。そのフランス料理店では、テリーヌ状のものをパリパリに焼いて出してきたそうだが、それを『草喰　なかひがし』ではそのまま四角く切って出している。

和食から西洋料理へ、そしてふたたび和食へ――。鮎という、日本の食文化のシンボリックな食材を使って、異文化間で技術交流が行われている。第三章で紹介したフランス料理店の若手シェフの鮎料理にしてもそうだが、料理人の技術力の高まりに呼応して、「技術や食材の異文化交流」が盛んになるのは素晴らしいことだ。

そして、そういう中でも、和食の軸がブレないこと。イタリアントマトを昆布出汁で炊き込む例のように、西洋の食材もぐいっと和食の側に引き込む技術と発想。

それが中東さんの真骨頂だ。

## 誇り高く平らかに生きる

全一三品にも及ぶ力強い料理の最後は、「メインディッシュ」、お竈さんで炊いたご飯と目刺し、そして三種の漬け物だった。

中東さんは、最初の一杯に真っ白なご飯をよそう。新潟からくるお米を、「一年間真空パック状態」と語るように籾のままで保存して、毎日必要な量だけ精米しているから、ほくほくとして新米の香りがする。

そして二杯目には、お焦げをよそってくれる。

パリパリした食感と芳ばしい香りを味わっていると、中東さんがカウンター越しに目刺しを指さして、「日本航空目刺し便パリ行きです」、と一言添える。その食感がパリパリしていること、目刺しを盛った皿が鮮やかなスカイブルーの空の色であること、目刺しを飛行機に見立てたジョークだ。

カウンターに笑顔が弾けると、今度はかるくよそった三杯目のご飯に出汁《だし》汁をかけたお茶漬けにして、中東さんが出してくれる。どんなに満腹でも、最後にご飯を美味しい出汁ですすっと啜る快感。それこそ、この国に生まれた喜び、あるいは和食をいただく醍醐味の一つと言ったら言い過ぎだろうか。

「こちらの料理はセントラルパークの木漏れ日です」

その「心」を聞くのを忘れてしまうほど、お腹も心も満腹になる。あくまでも楽しい中東さんの名コーチとあいまって、素朴で力強く、それでいて艶やかな料理を満喫した。けっして派手ではない。絢爛とも違う。むしろ全体から感じる印象は、「人間臭さ」。どうしてこういうスタイルの料理を選んだのか最後に聞くと、中東さんはこんなことを語ってくれた。

「兄が亡くなったあと、私は『美山荘』の調理場を甥に任せて、しばらく庭の草引きをしていたことがありました。そしたら、客席からお客様の声が聞こえてきた。『この鮎は美味しいな』『この野菜はこうしてあんねんな。美味しいな〜』と、語っておられる。それまで私はずっと調理場にいましたから、そういうお客様の声を聞いたことがなかったんです。『景色がいいな、気持ちがいいな』というお客様の声を聞きながら、涙がとめどなく溢れてきた。そのとき、兄が死ぬ前に残してくれた『誇り高く平らかに生きよ』という言葉が脳裏に浮かんできました。その意味が初めてわかった気がした。『平らかに生きよ』という意味は、学べということ、そして野草のように穏やかに満ち足りた気持ちになれということですね。だからここに店を出したとき、綺麗な野菜だけじゃなくて、あらゆる野菜を料理しようと思いました。この季節は葉物がなくてもサツマイモの葉っぱがある。おばちゃんたちに言われて湯搔《ゆが》いてみたら、美味しいんです。ちょっとぬる味があって。昔はそうやって食べていたんですから。毎日がそんな勉強です」

『草喰　なかひがし』で嬉しいのは（予約が取りにくいのは確かだが）、和食のビギナーであっても比較的入りやすい値段設定になっていることだ。昼食ならば五〇〇〇円から、夜は一万円から三段階のコースが設定されている。予約開始は前月一日の午前八時から。

「月に一度の贅沢＝自己投資」には最適な店だと思う。

## 完全会員制という選択
常に自然から学び続けていること。

異文化と積極的に交流して、和食の技術を進歩させていること。

この二点において、中東さんと極めて似た歩みをみせる料理人がいる。もちろん、二人の考え方やタイプは異なるし、料理の表現方法もそれぞれにオリジナルなものだが、その佇まいや世界に向き合う姿勢は近似していると思う。

その人は、石田廣義さん（七一歳）。銀座に『壬生《みぶ》』という懐石料理店を出している。第一章から何度か書いてきた、デイヴィッド・ブーレイさんが虜になった「和食店」とは、実はこの『壬生』のことだ。

すでに書いたように、夏に訪ねたときには、店内に蛍を飛ばすという演出を見せてくれた。歳時ごとにそれにあった料理を出し演出するというのは、懐石料理の王道であると同時に、料理人の腕の見せ所でもある。

その意味で、『壬生』は極めて正統的な懐石料理の店だ。

ところがこの店は、世界的に見てもあまり例がないと思われる特徴がある。

それは、「完全会員制」であること。よく、クラブやバーでみかけるような都合のいい「会員制」ではない。そういう店なら、メンバーと一緒ならゲストは何人でも入れる。会員の紹介があれば、ゲストだけで入れる店もある。ところが、『壬生』は違う。二卓八人しか座れない小さな店で、料理人は大将を含めて三人、表方は女将さんともう一人の女性の二人だけで切り盛りしているから、メンバーであってもゲストを一人以上連れて行くことはできない。ましてゲストのみでは予約はとれない。営業は毎月一日から二〇日までの平日のみ。昼二回転、夜一回転だから、一日に最大で二四人だけがこの料理を味わうことができる。ご縁がなければメンバーになる手だてもわからないから、この客席に座れるのは、ある意味で「選ばれし客」といってもいいのかもしれない。

「このやりかたは、私たちが料理修業した尼寺の方式と同じです。檀家が決まっていて、尼さんは檀家だけを相手に仏事を執り行う。同じことを料理屋でもやろうと思っただけです」と、女将さんはいう。

会員は約四五〇名、古くからのメンバーがほとんどだ。メンバーは、毎年一一月末に女将さんから連絡をもらい、翌年一年間の食事の予定が割り振られる。つまり、この段階でもう満席ということだ。

スペインの『エルブリ』のシェフ、フェラン・アドリアさんが初めてこの店を訪ねたとき、「なんて素晴らしいシステムなんだ」と感嘆したという。

毎日、顔の見えるお客様に対して選りすぐりの季節の食材を無駄なく使って料理を提供する。その料理は、かつてブーレイさんが言ったように、「そのまま土の中から出てきたもの」。技術は和食の粋を使ったものだが、全く教科書には載っていない独創の料理ばかりだ。

**空まめ街道**

先にもその一端を紹介したが、今年の七月に訪れたとき女将さんから渡された「お品書き」には、大将の墨痕鮮やかに「空まめ街道」と書かれていた。

着物姿の女将さんが、テーブルの隅に座ってその料理を一つ一つ解説してくれる。

「空まめ街道とは、五月の千葉産に始まって、夏に向かって仙台、秋田、青森、北海道へと続く街道です。昔は旬の空まめは、その順番で北上していかないと食べられなかったのです」

この店のコーチ役は女将さんだ。食材一つ一つの産地、その由来、季節とのかかわり、料理方法等、なんでも解説してくれる。

例えば、「先付け」として最初に出てきた「新子芋ともち米の炊き合わせ」にも、季節の彩りが添えてある。

「新子芋は生から鍋に入れて炊きあげます。下に敷いたのは柏の葉です。濃い色の葉と薄い色の葉を重ねて『陰と陽』を表しています。神事に則った演出なんです」

続いて「お椀」は、そら豆と冬瓜。出汁は羅臼の昆布と鮪節だという。鰹節の出汁がすっきりと透明感があって女性的なのに対して、鮪節の出汁ははりがあって締まって男性的だ。鮪節を使い、この季節に身体を冷やす効果がある冬瓜に合わせている。

「そのお椀の蓋をよく見てください。『七遊《ななあそび》』と書いてあるでしょう。昔、この季節になると、七夕の夜に七種類の遊びをしたそうです。その中には蜘蛛をとってきて這わせて遊んだとも言われています」

女将さんがいう。ということは、このお椀は、七夕のこの季節にしか使えないことになる。毎月、お椀や器を換えるのは大変なこと。器一つとっても、和食の本筋を究めるためには、膨大な投資と大きな収納庫が必要なのだ。

「向付」は、「あこう鯛、あおりイカ、鮑のお造り、キュウリと空まめ添え」だった。大きな盆に張られた氷水に浮かぶ皿に盛られたお造りが出てくるが、女将さんがそれら全てを水の中に落としてくれる。

その水に指を入れるとひんやりと冷気が身体を駆け抜ける。キュウリを食べると、さらに身体が冷えてくる。

すでに部屋のクーラーは切ってある。窓からは、夏の生ぬるい空気が部屋に入ってくる。それでもこの食材の効能と演出方法で、気持ちは涼しい。まさにこれこそが、自然と一体になる料理だ。

次の「焼き物」にも度肝を抜かれた。

大きなお皿に花火の玉ほどの真っ黒な球体がのっている。

「これが賀茂なすを最も美味しくいただく焼きかたなんです。炭になった皮を剝くと、内側はほっくり焼けています。今日送られてきたばかりのものだから、何もつけずにこうやって食べられるんですが、明日になると田楽味噌が必要になります。それほど繊細なものです」

このなすには、長いヘタがついている。これがないと、このように均一に焼けないからだ。けれどこのヘタ付きで送ってもらうために、規格外になるから割り増し送料もかかっているという。

わが道を行くためには、いろいろなところで、意外なコストがかかるものなのだ。

「強肴《しいざかな》」（煮物）は、じゅんさいだった。

洋食のスープ皿のような器に出汁がはられ、三、四センチはあろうかというほど大きなじゅんさいが浮いている。酢ではなくクエン酸で煮るために、小田原の梅干しを使って薄い蜜とともに煮込んだという。

「このじゅんさいは東北の山奥の湖からとってきてもらいます。とりにいく人は、湖に入って一本一本とってくれる。それを運ぶ人も山道を通って大変なことです。だから、それだけの食材を仕入れようと思ったら、お金もかかるんです」

女将さんがいうように、この店では、季節ごとに旬の食材を仕入れるために、どんな努力も惜しまない。例えば秋のマツタケの場合、丹波のマツタケが生える山を一山単位で買い占めているという。もちろん年によって相場も違うし、マツタケのできも違う。けれどどんな年でも全て買い占めるから、時には赤字覚悟ということにもなるのだろう。

ちなみにこの店では、料金は女将さんからメンバーに渡される封筒に入れて支払うシステムだ。その袋には「月謝袋」と書かれている。まさに、和食を学ぶ寺子屋のような店なのだ。

「揚げ物」は、鱧《はも》と南瓜の天ぷらだった。なんの特徴もない料理のようにも見えるけれど、その細部が違う。女将がいう。

「鱧は、一般的に夏の魚だけれど、入梅の水を飲んだこの時期の鱧だから美味しいんです。七夕カボチャは薄い出汁で煮ています。メリケン粉だけ薄くつけて、野菜と魚は違う鍋で揚げています」

そして最後のデザートになる。出てきたのは、丹波の白あずきを煮たものにかき氷を添えて、上からどろりと抹茶をかけたものだった。温かいものと冷たいもののハーモニー。和食の料理法にはないつくりかただ。

この料理を解説してくれたのは、調理場での仕事を終えて客席に出てきた大将だった。

「温かいものと冷たいものを組み合わせるなんて、日本ではありえませんでした。でも、『エルブリ』のフェランさんに出会って、この調理方法で料理を食べさせてもらって仰天しました。こんなやりかたがあったのか、と。それからヒントを得てつくった料理です」

もちろん、白あずきもお抹茶も、和食の食材だ。けれど「冷と温」の組み合わせかたを西洋に学び、和食の味をより一層際立たせている。

こういう姿勢や柔軟性も、中東さんと似ているところがある。大将は、まさに技術や食材の異文化交流を重ねながら、日本の料理文化を進化させたいと願っている一人なのだ。

## 矜持と進化

大将と女将さんは、毎年一二月にはニューヨークにでかけることを恒例としている。何か特別な目的があるわけではない。けれどそこで一番旬な料理人と出会い、その料理を食べることで「自分を奮い立たせる」という。世界の大都市の中でニューヨークを選ぶのは、「パリは確かにお洒落だけれどがんこだ。ニューヨークはその時々の世界一が集まっている街だから」という理由だそう。

逆に世界からのアプローチも多彩だ。先に述べたフェランさんやブーレイさんだけでなく、世界中の料理人がこの店にやってくる。料理人だけではない。あるときはローマ法王から招かれてバチカンの宮殿内で握手したり、イタリアのテノール歌手、アンドレア・ボチェッリが来店して料理に感動し、『大いなる大地』という曲を歌っていったこともあるという。異文化とのかかわりを大将がこう語る。

「日本の料理の枠というのは、放っておいたらなかなか進化しません。親方と弟子という関係もがちがちにあるし、三代続かないと認めないような風潮もある。でも、私は世界からいろいろな刺激を受けて進化したいと思う。和食の枠をはみ出してはいけないけれど、思い切ってその領域を広げたい。頭の中ではいろいろなイメージが広がっています」

昔から日本では、「三里四方のもの（食材）を合わせたら風味が合う」という言葉があった。その言葉には忠実に、けれど大将は、時には西洋料理の技法を使って調理したりもする。「素材をいらいすぎてもあかん」「食べて何かわかるもんでなければあかん」といいながら、和食の枠を守りながらも「温と冷のハーモニー」のように「少しだけ攻める」こともある。

常に異文化の風を意識すること。その風に当たること。そして多くのものを吸収しながら、それを和食にぎゅっと引き寄せること。『壬生』の料理は、その繰り返しの中で生まれてきた、ある意味で異色な和食なのだ。

「料理の技は限りなく持っています。美味しくすることはなんぼでもできる。あとは、どうやるかだけですわな」

その矜持の先に、和食の未来がある。

## 若きパティシエの転身

本章の最後に、若き才能についても触れておきたい。

――私はなんで今まで和に興味が向かなかったのだろう。日本にはこんな素晴らしい技術があるのか。いますぐに帰らなきゃ。

二〇一〇年のとある日のこと。パリのエッフェル塔近くにある「日本文化会館」の一室で、そう呟いた女性がいた。

藤田怜美《さとみ》さん、このとき二七歳。すでにパリに来て五年目を迎え、二つ星レストランでシェフ・パティシエ（デザート部門の料理長）を務めていた。

もともと藤田さんは「パティシエになりたい一心」で、その技術を学んできた。高校時代から地元秋田の洋菓子店でアルバイトし、大阪に出て辻製菓専門学校に入学。卒業後は一年間フランスのリヨンにある辻調グループフランス校で学んだ。その後、東京のフランス料理店に入るが、本場でもっと学びたいという熱き思いから二〇〇五年に再渡仏。最初はバスク地方に住んでパン屋、ショコラティエ（チョコレート専門店）、パティスリー（製菓店）等で修業を重ね、ついにパリで「シェフ」と呼ばれるポジションまできた。「次はスペインで学びたいと思って履歴書も用意していました」というくらい、向学心に燃えた若者だった。

ところがこの日を境に、一瞬にしてその心の火は「洋」から「和」に変わっていた。

そのとき日本文化会館で行われていたのは、フランス人向けに企画された和菓子の講習会だった。友だちに会うためにふらりとここにやってきていた藤田さんは、何気なく覗いた部屋で一人の職人の技を見て、立ちつくしたままその場を離れられなくなってしまった。

目の前で行われていたのは、練り切り（生地）のヘラ菊をつくる技だった。餡の上に練り切りを被せて丸め、そこにヘラを使って花を描いていく。いまから思えば、和菓子の世界ではとりたてて珍しい技ではないが、そのころの藤田さんには驚きだった。

何の変哲もない練り切りが、職人の手にかかるとあっと言う間に季節の花に変わっていく。よく見ると花びらが二段になっていたり、平安時代の宮中のしきたりどおりに、その上に綿に模した白い練り切りをのせたりもする。

職人の手業《てわざ》の素晴らしさだけでなく、「平安時代のしきたり」とか、菓子につけられた名前に歴史や由来があることも驚きだった。振り返って自分がやっている仕事は、ただフルーツをあしらってデセール（デザート）をつくっているだけだ。

——日本に帰ろう。なんとしてもこの技術を学ぼう。

自分の閃きに素直でまっすぐな藤田さんは、スペインに行くのをやめてオーナーに退職を告げ、同時に次なる履歴書も用意して帰国の準備を始めた。すると、同じ店で働く日本人の先輩が、こう教えてくれた。「京都の老舗和菓子屋に嫁いだ友人がいる。紹介しようか」。

まさに渡りに船。用意した履歴書を京都に送り、藤田さんは帰国便に乗り込んだ。日本文化会館で目撃した講習会から、わずか一カ月後のことだった。

## ゴツゴツした手を見て「本気や」

その履歴書を受け取ったのは、京都で二一〇年続く老舗和菓子屋『亀屋《かめや》良長《よしなが》』の専務、吉村良和さん（八代目就任予定、当時三六歳）だった。当初はそれがパリから送られてきたことに驚いたというが、さらなる驚きは面接のとき。

——若い子なのにゴツゴツした手をしてる。火傷のあともたくさんある。真剣に勝負してる手や。

吉村さんはその手を見ただけで、職人同士だからこそわかる「本気さ」を感じた。それは、「洋」も「和」も超えた、共通の精神だった。さらに聞けば、すでに荷物は秋田の実家から京都に発送してあるという。

何があっても和菓子の本場京都で働き学ぶという一本気な姿勢。その点も吉村さんは気に入った。

「この子なら間違いないやろ」

こうして藤田さんは、念願の和菓子の世界に入ることができた。本人のやる気、ガッツ、行動力もすごいが、それを受け入れた吉村さんの柔軟な発想とモダンな職人気質も素晴らしい。間もなくこの二人の出会いは、一つの形となって現れることになる。

**新しいブランドを立ち上げる**

「このお菓子の発想はおもろいなぁ。『亀屋良長』の包装紙でくるんだらお客さんはとまどうかもしれんけど、別ブランドにして自由な発想でやってもらったらええんとちがう?」

日頃から包装のデザインなどをお願いしているデザイナーの、そのひと言が大きかった。

そのとき目の前にあったのは、藤田さんがつくったマシュマロだった（のちに『cubeチョコレート小餅』と命名）。「メレンゲを加えた、マシュマロのようなふわふわのお餅をホワイトチョコレートとフランボワーズチョコレートで包み、氷餅をまぶし」た一品。その柔らかい食感が、それまでの和菓子にはない驚きだった。

「これどうやってつくったん？」

吉村さんが聞くと、藤田さんは「自分でレシピを考えてつくってみました」と答えた。まだ帰国して四カ月ほどしかたっていないのに、和菓子の製造現場に馴染み、和の道具を使いこなし、新しい味覚をつくり上げた藤田さんの技術力は驚嘆に値した。

さらにすごいのは、この味を認めデザイナーの評価を聞いた上で、「よし、藤田ブランドをつくろう」と決断した吉村さんの発想だ。ほどなくして、藤田さんの手書きの文字をあしらった『サトミ・フジタbyカメヤ・ヨシナガ』のロゴもできてきた。何百年も続く和菓子の歴史で、職人の名がそのままブランド名になることなどあっただろうか。

親方になればその名が店名になる場合もあろうが、藤田さんはまだ入店して四カ月の新人なのだ。

ところが吉村さん自身は、そのことにあまり違和感はないそうだ。こう語る。

「確かに彼女のつくるものが美味しかったからブランドが生まれてきたんですが、もともと私の中には今の和菓子に対して疑問があったんです。歴史を振り返れば、和菓子って中国や西洋からきたお菓子をアレンジしてできたものです。技術も外から学んできた。なのに何故、今の和菓子はガチガチに固まってしまったのか。もっと柔軟に世界の技術を学べばいいのにと思っていました。そこに彼女が登場したから、自分にそれほど違和感はありませんでした」

確かに和菓子の歴史は、第二章で綴ったように、中国と西洋からきた技術の集積だ。一六世紀の大航海時代には、ポルトガルからカステラやコンペイトウがもたらされているし、それ以前から中国菓子の影響も強いはずだ。いつのまにかコンペイトウは金平糖という文字も与えられ、和菓子然としている。明治以降、和菓子と洋菓子の境目が曖昧になったとき、それを分ける苦肉の手だてとして「江戸時代から食べているものは和菓子」「明治以降やってきたものは洋菓子」としたようだ。もしかすると、和食の世界の中で一番異文化的な要素が強いのは、和菓子なのかもしれない。

吉村さんも言う。

「弊社に残る明治時代の『配合帳』にはケーキのレシピもたくさんあります。クッキーや『ビスケイト』と書かれたビスケット、メレンゲのレシピも残っている。私の曾祖父たちは、こういうものをつくっていたんです。祖母がお嫁にきたころのケーキの絵もあります。当時の和菓子屋は、暇なときにはケーキもつくっていたようです」

つまり、和菓子の世界もまさにハイブリッド。日本の和菓子職人は、世界中の技術をお手本にして、いつのまにか「和」の技術や味を確立してきたのだ。

**受け入れられる味を求めて**

そのことを、藤田さん自身はどう考えているのだろう。彼女の中には「和」と「洋」の境目はあるのだろうか。

「いえ、私にはその境目はありません。どっちでもいいと思っています。ただ、若い人や外国人にも美味しいと言ってもらえればいいと思います」

実に屈託のない爽やかな笑顔で、そう語るのみだ。

その笑顔の下からは、入社四年目を迎える現在、一〇種類以上の珠玉の作品が生まれてきている（以下、説明の引用は同社HPより）。

「まろん」／「国産栗のみを使用し、生クリームとラム酒で大人の風味に」。

「餡之匣《はこ》」／「プレーン：白餡を入れたしっとりとした柔らかい特製スポンジ生地でクリームチーズ餡をはさんだもの」。生地に白餡ときな粉を入れ、きな粉ガナッシュを挟んだものもある。

「ほのほの」／「桃山の生地にクリームチーズを練り込んで、しっとりと仕上げ……白餡にクリームチーズ、レモンをあわせた餡を、白餡にクリームチーズとパルメザンチーズをあわせた皮で包ん」だ焼き菓子。レモンとチーズの濃厚な香りが口中に広がる。

「あんみつ・ミツマメ」／「日本の夏菓子であるあんみつとミツマメを一口で楽しめるお菓子……あんみつ（黒蜜、宇治抹茶）大納言の粒あんと、ミルクムース入り。ミツマメ（透明色）求肥とバニラビーンズ入りの蜜柑ゼリー、赤えんどう豆入り」等々。

和菓子のベースとなる餡をスポンジケーキに練り込んだり、あんみつやミツマメを一口大にしたりという発想からは、「異文化の視点」を感じる。ラム酒やチーズを使うのは、まさに「洋」の技術そのもの。

私も食べてみて、一つ一つに新鮮な驚きがあった。柔らかな食感。口の中で溶け合うチーズやクリームの濃厚な味わい。時折感じるビターなお酒の味。和菓子をいただいたときに感じる生地の食感や、和菓子における餡とは一線を画した印象だ。

序章でも触れたが、餡こは、西洋人には受け入れられない食材の一つだ。豆が甘いということが、彼らの食文化にはなかったからだという。

けれど藤田さんが生み出すラインナップならば、確実に異文化の人にも受け入れられるはずだ。パリでの五年間の経験の中で、異文化に「受け入れられる味」と「拒否される味」の境界線を会得したに違いない。藤田さんはこう語ってくれた。

「パリ時代に、実は餡こを使ったデザートをつくってお客さんにお出ししたこともありましたが、受け入れられませんでした。二つのテーブルに出して、二つとも手をつけられないで戻ってきたので、これは駄目だと思って諦めました。東南アジアのお客様は比較的受け入れてくれたんですが」

その頃はまだ「和菓子職人」への閃きはなかったはずだが、日本人として、こんな試みも行っていたのだ。そうやって会得した異文化の味覚が、フジタ・ブランドにはしっかりと息づいている。

その手から生み出される「和菓子」は、ひょっとすると世界を席巻することになるかもしれない——そんな嬉しい予感も感じさせてくれる才能だ。

### 色彩感覚の奥深さ

いま藤田さんは、店の前に井戸水が湧き出る『亀屋良長』の工房で、伝統的な和菓子もつくりつつ、日々新しいお菓子づくりに励んでいる。和菓子も洋菓子も、技術的には共通点が多いといいながらも、火の通し方などを感覚に頼る和菓子職人のやり方等、全く異なる部分もある。中でも最たる違いは「色彩感覚」だという。

「パリではフルーツの色さえ出せばよかったんです。ところが京都の色ははんなりとしていて抑制のきいた色でなければいけません。色が違ったら違うお菓子になってしまったりもします。和の色彩感覚は、奥が深いです」

茶室で使われる和菓子は、照明によっても印象が変わる。自然光の時代は濃い色が求められたが、電球や蛍光灯が使われるようになると薄い色が好まれるようになった。そういう色をしっかりと表現するのも、職人の技術だ。

「最近、お茶を習い始めました。まだ着物は自分で着られないのですが、先生のもとに通っています。お茶の世界も奥が深いです。先生は『君の和菓子を使おう』と言ってくださるんですが、まだ早いですとお断りしています。もう少し、お茶の空間にもぴたっとあうようなお菓子がつくれるまで、とにかくいまは学ぶことだらけなんです」

ここにも一人、異文化を通して「和」と出会い、その世界の奥深さに気づいた職人がいる。まだ若いだけに、その目の前にはさらに深い森が広がってみえているはずだ。

その森を抜けたときに、どんな光景が広がるのか。

それは、世界の食材や技術をしっかりと会得して、和食の世界のエッジを広げていく歩みでもある。

一〇年二〇年先、彼女の生み出す和菓子に国内で、そして世界からどんな評価がもたらされているか。

和食の世界に、楽しみが一つ増えた思いだ。

# 第五章　ニューヨークで本格懐石を

## 最悪の治安の最高の店

異文化の中で、和食（懐石料理のようなオート・キュイジーヌ）は本当に受け入れられるのか？

異文化の中で生き延びるとすれば、和食はどこまで変化変容しないといけないのか？

この章ではそのことを、私たちが現在ニューヨークで手がけている一つのプロジェクトをもとに、考察していきたい。

このテーマを考えるとき、私には忘れられないシーンがある。日本がバブル経済を迎えて、世界経済の頂点に上り詰めようとしていた一九八〇年代後半のこと。スコットランドのパブリックスクールを卒業した私は、ニューヨークのロングアイランド大学で美術史を専攻。再びスコットランドでの大学院生活を経て、社会に出てからは、ニューヨークの証券業界で働き始めていた。

その頃、友人との食事によくつかっていた新しいフランス料理店があった。その店が登場する前のニューヨークのレストラン状況は、最新の文化や流行の発信地とはとても思えないほどクラシックな料理が中心で、世界の料理の進化からは後れをとっていた。

ところが一九八七年のこと、当時はまだ倉庫街だったトライベッカに現れたその店だけは、それまでのニューヨークのフランス料理のレベルを遥かに凌ぐ、食通を唸らせる洗練された料理を出していた。

ただし、その料理を味わうのは、ある意味で命懸けのことでもあった。

「危ないから早くタクシーに乗り込もう」

食事を終えるたびに、私は友人の背中を押すようにエントランスに横付けされたタクシーに飛び込まなければならなかった。夜にこの店の界隈を歩こうものなら、物陰から誰が飛び出してくるかわからない。どこから銃で狙われるかわからない。当時はそんな危険なイメージのあった街の一角に、『ブーレイ』は突然誕生したのだ。

オーナーシェフのデイヴィッド・ブーレイさんは当時三〇代後半。すでに書いた通り、ヌーヴェル・キュイジーヌ全盛のフランスに渡り、フランス料理の王道を行く何人ものシェフの下で料理を学び、満を持してのニューヨークでの開業だった。本人はニューヨークカーではなく、祖母はフランス人。コネチカット州の祖父母の持つ牧場で幼少期をすごし、豊かな食材に囲まれて育ったという。

その店を初めて訪ねたとき、私がまず驚いたのは、アミューズ（つきだし）の美味しさと、洗練されたソースだった。それまでのニューヨークのフランス料理は、大鍋で大量に調理しておいたソースを、同じくあらかじめ調理してあった食材にかけるだけのものだったのだが、彼の料理は「ア・ラ・ミニュット」(直前の調理)。オーダーごとに調理を一から始めて、一人一人にカスタマイズしたソース(お酒を飲まれる方には味を濃いめにとか、前回とは違う味付けにするとか)をきちんと作り、素材の味を最大限に引き出すものだったのだ。

その店の登場から、ニューヨークのレストランシーンはガラリと変わった。驚くほどクラシックに忠実だったフランス料理が、あっと言う間に新しい潮流に飲み込まれていった。その意味で『ブーレイ』の出現は、エポックメーキングだった。食事が終わるとブリオッシュのお土産まで用意されているというサービスも人気を呼び、ブーレイさんは、あっと言う間にニューヨークのレストランシーンの寵児になっていった。

それだけの力を持つシェフが、なぜ、初めての店を持つときにそんな危険な、人通りの少ない一角を選んだのか。理由はシンプルだ。ミッドタウンに出店するよりも家賃が安く、材料費にお金がかけられるから――まさに料理の申し子の面目躍如だ。

もちろん当時の私は、まだ一介のサラリーマンだったから、シェフのブーレイさんと面識があるはずもなく、店には通ったものの挨拶を交わす機会もない。よもやその後、親しくなる日がこようとは、露ほども思うはずがなかった。

ところが、その日から一〇年ほどあとのこと。私は、思いがけずブーレイさんと親しく会話を交わす機会を得ることとなる。

## ホームパーティーでの出会いから

私は一九九一年、二七歳のときに帰国して、父の下で辻調理師専門学校の校長になるための修業を始めた。その二年後、父の急逝により校長になるのだが、校長になるまでの間に存命中の父が、あるパーティーを何度か開いたことがあった。

私がニューヨーク時代にお世話になった、師と仰ぐ投資信託会社会長のニューハンプシャー州サウスハンプトンの別荘で行っていたそのパーティーは、一週間の「美食ウィーク」ともいうべき趣向のものだった。私を育ててくれたことへの恩返しの意味で、父が当校の技術教員（料理人）を何人か連れてニューヨークを訪ね、会長の別荘を舞台に日替わりで日本料理、フランス料理、イタリア料理、中国料理を披露するのだ。先代が亡くなったあとも、私がそれを引き継いで、三、四年は続けたものだ。

パーティーには、会長ご夫妻がたくさんゲストを招いていた。有名俳優、スポーツ選手、ビジネスマン、料理関係者等々。

その中に、当時飛ぶ鳥を落とす勢いのブーレイさんや、超有名パティシエのビル・ヨセフさんもいた（彼は今、ホワイトハウスでオバマ大統領の専属パティシエを務めている）。

そこで私は、ブーレイさんと初めて言葉を交わした。もっとも、このときは、「あなたのお店には何回か通ったことがあります」という程度のものだったが。その数年後にも、もう一度ニューヨークで会ったことがある。『ダニエル』という超人気のフランス料理店で会長が連れてきたブーレイさんと同席し、前回よりも親しく会話を交わすことになったのだ。

その会食から一、二年後のこと。私のもとに一本の電話がかかってきたことから、私と彼の関係は急展開を見せることになった。

「今度、ある仕事で日本に行くのだけれど、日本料理と中国料理を個人授業のような形で教わりたいんだが、学校を訪ねていいだろうか」

そのときのブーレイさんの依頼はいささか強引だった。普通ならば、急に個人授業をと言われても、一対一の授業など引き受けられるものではない。とはいえ、ニューヨークで超人気超多忙のシェフだし、お世話になった会長に紹介された人でもあることから、私は「いいですよ」と答えるしかなかった。

約一週間後、ブーレイさんは大阪にやってきて、当校の日本料理教授の杉浦孝王と中国料理教授の吉岡勝美が三日間にわたり、辻調理技術研究所の実習研究室を使って授業を行った。

そのときを境に、私とブーレイさんの距離はぐっと縮まった。もはや有名レストランのシェフとその客ではなく、対等な会話が交わせるようになったのだ。

## 「和食レストランがやりたい」

そんな関係が続いていた二〇〇二年初頭のこと、ブーレイさんがぼそっと呟いた。

「今度、ニューヨークで和食（日本料理）の店を出そうと思っているんだ」

その言葉を聞いて私は驚いた。すでに彼の興味が和食にあることは知っていたが、そこまで考えていたとは。そもそも彼は和食をどのくらい理解しているのだろうか。

アメリカ人の味覚や食に対する嗜好は私も知っている。寿司やラーメンといった専門料理ならばすでにニューヨークで流行っている店もあったが、彼が考えていたのは、日本料理と西洋料理を融合させたハイブリッドな和食。デイヴィッド・ブーレイの解釈による懐石料理の店だった。

一〇代のころから染みついていた、否定的な「異文化での和食体験」を反芻《はんすう》しながら、私は彼にこう問いかけた。

「ブーレイさん、実際どれくらい日本料理を食べたことがあるの」

すると驚いたことに、ブーレイさんは悪びれるふうもなく、

「別に、それほど食べたわけじゃない」

「じゃ、和食のどういうところに影響を受けて出店したいと思ったの?」

私が畳みかけると、

「いやまぁ、和食にチャレンジしてみたいだけなんだ」

と、またまた飄々と答える。

——こりゃ駄目だ!

私の脳裏には、かつて懐石料理を志向してチャレンジしては閉店を余儀なくされた数々のニューヨークの和食レストランの姿がよぎった。

――ブーレイさんにあの二の舞を演じさせるわけにはいかない。

私は何故か変な責任感を感じてしまって、思わずこう言っていた。

「じゃあ、私がまず日本の懐石料理の店に連れて行ってあげるよ」

とりあえず私は、彼を当校の特別授業の講師として正式に招聘し、大阪での滞在中、毎晩大阪と京都の懐石料理の店に連れて行くことにした。

――とにかく日本の料理の奥の深さを知ってほしい。その上で、諦めるなら早いうちに諦めた方がいい。

そんなつもりだった。

ちなみに彼が来日したのは、九・一一テロの翌年、二〇〇二年の五月のことだった。ブーレイさんはあの大惨事のあと、約一カ月間店を閉め、救助救援にあたる人たちのために総計一〇〇万食分の炊き出しを行ったという。店の調理場は、二四時間四週間稼働しっぱなし。何よりも人間を愛するブーレイさんらしいボランティア活動だと、驚きもし、感心もした。ところが来日したブーレイさんを実際に店に連れていくと、また違った意味で私が驚くことになった。

――こんなに和食に対する感性が鋭い人はなかなかいない。こんなに教え甲斐がある人もそうはいない！

店に連れていくと、ブーレイさんは本当に一皿一皿、素材も料理も器もなめ尽くすような姿勢で、目に入るもの、舌で味わうもの、肌で感じるもの全てを貪欲に学びとろうとする。とにかく教え甲斐がある。どんな料理に対しても敬意を持ち、同じ料理人として失礼がないように相手と接し、プロの食べ手としてその一皿を味わい尽くそうとしている。

その感性が非常に鋭い上に、おおいに料理人の自尊心をくすぐるような言葉も語る。決しておべっかではなく、自分の感性で日本料理を味わおうとしている。プロの料理人がそれを食べたときにどう感じるかということを、本当にきれいに表現してみせる。

第一章でも紹介したように、後日連れていった銀座の『壬生』では、こんな言葉を語っていた。

「今まで食べた日本料理と違って、この料理は本当にもう土から生まれた、食材そのものを食べているような気がする」「料理とはこうあるべきということに感動させられた」「生まれ変わったような気分だ」

まさに、プロフェッショナルが感極まるような言葉を連発するのだ。調理場の大将も

思わず、

「あんたのためならなんでも教えてやる。聞きたいことがあったら何でも聞いてこい」

と、初対面でブーレイさんのファンになっていた。

こういう「料理人キラー」の一面が、ブーレイさんの和食に関する長足の進歩に一役買っていたことは間違いない。

## 教育の現場にビジネスの試練を

そのころの私には、校長として抱えていた課題もあった。

それは、当校の日本料理の教授たちに「生のビジネスの現場」を学んでほしいということだった。教壇に立ったとき、「机上の論理」で学生たちに和食を教えるのではなく、自身も戦場である現場にたって、その厳しさを肌で感じとった上で学生たちと対峙してほしい。そう以前から思っていたのだ。

さらにもう一つ、これからの和食を考えたときに、「和食は世界的に広がることができるのか？」という思いもあった。世界に徐々に広まっていく和食や専門料理を見ながら、私は、「今、世界で広まっているのは和食もどき。異文化で本当に受け入れられる和食はあるのか？」「和食は日本国内だけに留まっていていいのか？」という漠然とした疑問を抱いていたのだ。

もちろんニューヨークの『レストラン日本』の倉岡伸欣さんや、サンフランシスコの『レストラン大和』の石崎公一さんご夫妻のように、和食ブームがおこる以前から、何十年にもわたってご苦労を重ねながら紛い物ではない本物の和食を提供して外国人にも日本人駐在員にも愛されてきた方もいらっしゃる。しかし、そうした例は多くはなかった。

そんなときに目の前に現れたのが、ブーレイさんの「和食をやりたい」という夢だった。そして彼自身の中に、私は料理人としての底知れない可能性を認めた。その試みはまさに、私が渇望していた「和食の世界への挑戦」「厳しい異文化の現場」に他ならない。

いろいろな思惑が交錯する中で、私は思わずこう言っていた。

「ブーレイさん、じゃあいっしょに和食をやりましょうか」

その言葉が、約一〇年後の二〇一一年にニューヨークにオープンした、ブーレイさんと辻調グループのコラボレーションプロジェクト、懐石料理『ブラッシュストローク』

誕生のきっかけだった。

## 誰がどうつくるか

もちろん、意気投合したものの、具体的な契約を締結するまでには長い時間がかかった。言ってみれば、日本の料理界が持っている何百年の懐石料理の歴史の中で、初めて「異文化と正面から手を組む」試みだけに、タフな交渉が必要だったのだ。途中では互いに譲れない一線を感じたこともあった。けれども、どんなに厳しい交渉になっても、双方ともに投げ出そうとはしなかった。契約に至るまでには、経営上の諸問題以外に、誰がどのような内容で料理をつくって、どういう形態で店をつくるのかという、営業の根幹をなすコンセプトワークに最も時間を費やした。私たちは互いに、慎重にかつ大胆に、少しずつ少しずつお互いの距離を縮めていった。

特に大きな問題は「人材」だった。誰がどういう料理をつくるのか。誰がどこの部分に責任を持って担当するのか。それが二転三転していった。

けれどそれらをクリアすると、今度は全ての物事がとんとん拍子で進み、契約締結からわずか一年半後には、店をオープンさせることができたのだ。

この一〇年近くは、まさに「産みの苦しみ」だった。異文化との出会いでは避けられない、あるいはその後の成功のために避けては通れない、摩擦そのものだったのだと今は思う。

例えばオーパス・ワンという米仏合作の銘酒がある。全く異なるワイン文化圏に属するロバート・モンダヴィ氏とバロン・フィリップ・ド・ロッチルド氏が出会って、一緒にワインをつくろうと手をとりあってから、それが実を結ぶまでには六年かかったという。だから『ブラッシュストローク』の誕生に要した、およそ一〇年という歳月も、私には決して長くはなかったし、ある意味で必然であったと思っている。

**煙とイメルダ夫人**

契約を煮詰めている間、私たちはただ机上の議論だけをしていたわけではない。特にブーレイさんは料理人だから、技術指導に当たる当校の日本料理教員が持っている技術や知識を前にして、腕が鳴ってしかたがない。契約交渉と同時進行で、私たちは「ニューヨーカーに受け入れられる和食とはどんな料理か」「和食として守らなければならない枠組みの限界はどこにあるのか」「一〇〇パーセント日本の食材を輸入するのではビジネス的に成り立たないが、アメリカの食材を使ってどこまで忠実に和食の味を守れるのか」「どういう構成でメニューを考えるのか」と、ありとあらゆる角度から、ワークショップ形式で検討を重ねていった。

ただ、困ったことにブーレイさんには、新しい料理をつくっても、それをレシピに書いて残すという習慣がなかった。あるとき突然即興で料理をつくって、私たちに「これでどうだい？」と出してくる。それがまたなんとも言えず美味しい。完全に和食の枠からは外れているのだけれど、絶妙に美味しい。

例えば、オマールを網でローストし、ちょっと焦げた香りをつけて、それに海苔の味をつけクリームソースをかける。その技術がすごく上手で、その一皿が絶妙に美味しい。ところが、「その料理をもう一回つくってください」と頼んでも、「えーとね……？」と首をひねるばかり。ふざけた奴だなと憤慨しても、その料理は彼の腕からしか生まれてこないのだから仕方がない。私たち日本側のスタッフは頭を抱えたものだ。

余談だが、このワークショップでちょっとした「事件」もあった。ワークショップは当初、ブーレイさんの店の地下のキッチンで行われていた。そのため、一階では営業しているのもお構いなしでブーレイさんが炭火を起こして焼き物をつくっていたら、一階にまで煙がもくもくとあがってしまって、救急車や消防車がかけつけるという事件が起きた。そのときの最後のお客さんがなんと、イメルダ夫人。フィリピンのマルコス元大統領の夫人である。彼女の秘書が、カンカンになって怒鳴り込んできた。

ところが当のイメルダ夫人は何も言わないで「いいのよ、いいのよ。このくらいだったら思い出よ」と軽く受け流してくれた。世評はともあれ、私にはそのときの印象が強くて、「意外に優しい人」というイメージが残っている。

## 失敗の連続

私たちの試みに正解は用意されていなかった。設計図もなしに建物を建てるような、海図も持たずに大海に漕ぎだすような、地図もコンパスももたずに樹林地帯に分け入るような、そんな「無謀」な試みをくり返していたのかもしれない。

研究の対象は膨大だ。出汁の素材、魚や肉の焼き加減、炭火の使い方、炊き込みご飯の具、先付けのつくり方、等々。ブーレイさんの店の昼休みと夜の料理の仕込みの間に、様々な料理をつくってみるのだが、当初は何をつくっても成功しなかった。

もちろん、ブーレイさんもスタッフもプロの料理人だから、どんな料理を試みてもある程度の形にはなる。試作品ができあがると、ブーレイさんは一階から馴染みのお客様を連れてきて、食べさせる。一口含んだお客様がどんな感想を語るのか。スタッフは目を皿のようにしてその口元を見ている。すると――、

「うん、まあまあだね。美味しいよ」

いずれもブーレイさんとは顔馴染みだから、たいていの人は「まあ美味しいよ」と言ってくれる。ところが、プロの料理人たちはその言い方を見れば、お客様の本心がわかる。

――あの言い方じゃ、奢ってもらうなら文句は言わないけれど、自分でお金を払ってまで食べたいとは思っていないな。

そう見抜いてしまうのだ。酷い場合には、「俺は二度と食べたくないね」と、正直に告げるお客様もいた。

とにかく当初は、いくら球を投げこんでもアメリカ人の味覚のストライクゾーンに入らない、苦しい日々だった。

「もう、やめようか――」

ブーレイさんと二人で、そんな弱音をはいたこともしばしばだった。ありとあらゆる

試みで失敗を重ね、私たちの自信は木っ端みじんに打ち砕かれていたのだ。

そうなると、ブーレイさんは西洋の味覚に引き寄せようとする。私たちから見ると、「それは和食の範囲を完全に超えている」というような料理ばかりが生まれてくる。それに対して私たちが、和食の流れに引き戻そうとする。するとブーレイさんは、また力強く綱を自分の方にひっぱる。その力比べが延々と続いた。

そんな中でもブーレイさんと私は、「オーセンティシティ」(本物)という料理のコンセプトだけは手放さなかった。私たちがめざすメニューは、絶対に和食の枠を意識したものであり、伝統に則ったしっかりした料理でなければならないと確信していた。その枠を外してしまったら、この試みは何の意味もない。外国の人たちの味覚に合う本物の和食を求めて、お互いに綱引きをくり返している期間が、何年か続いた。

## 店名はペンキ屋から

そうこうするうちに、だんだんと契約も締結に向かって進み始め、内装のデザインもできあがってきた。物件探しには苦労し、一〇を超える物件に当たった末に、ようやく一〇〇年前のペンキ屋のビルを見つけて、そこに出店することになった。その建物は歴史的建造物に指定され、壁には本物の絵が描かれていた。ペンキ屋さんのビルということで、その名も「ペイント・ブラッシュビルディング」。私たちは、その絵から毛筆の筆さばきを連想して、「勢いある筆の動き」を意味する『ブラッシュストローク』という名前を店につけることにした。

ところが結局、その建物の不動産契約は成立せず、物件探しは振り出しに戻ってしまう。そのときブーレイさんは、自分で経営している別の店の場所（やはりトライベッカにある）を提供しようと提案してきた。その店はすでに使命を終えていたので、新たなチャレンジの場として再スタートを切ろうということになったのだ。広さから見て、席数は約六〇が可能で、ウエイティングバーをつくるスペースもあった。

## 正統的和食で勝負

では、その店の料理を誰に任せるのか。そこが問題だった。

そのとき浮かび上がってきたのが、当時三六歳の山田勲君だった。彼は、当校を卒業後『京都吉兆』（嵐山本店）に入り、当時の料理長でいまは自分の店『未在《みざい》』を開き三つ星を得ているオーナーシェフ石原仁司《ひとし》さんの下で修業した若者だ。

『京都吉兆』での修業を終え、福岡で自らお店を開いていたが、その店を畳み当校からニューヨークへ赴任して約四年。その間ずっと「近いうち懐石の店を開くから待っていてくれ」といって、ブーレイさんの下で仕事をさせていた。その彼に、『ブラッシュストローク』をオープンさせるにあたってシェフを任せることにした。

彼は、すでに四年にわたってニューヨーカーの味覚や好みをじっと観察していた。どこまでがニューヨーカーに売れる料理で、料理人はどこまでの妥協が必要か。ブーレイさんと私の試行錯誤も目の当たりにしていたから、どこまでがオーセンティック（本物）で、どこからが和食のアウト・オブ・フレーム（枠外）か、それらを肌で感じている。現場の最前線でお客様のことを一番良く分かっている料理人といえよう。

そう信じ、「君に全てを任せるから」と宣言して、私たちは店を一気にオープンさせた。

## トマトの出汁も使う

異文化の中で受け入れられる和食を考えたとき、あらゆる料理の基本になる出汁をどうつくるのかが一番のポイントだった。

出汁用の昆布は北海道産の良質なものを輸入できる。水は、コストの問題からニューヨークの水道水を使わなければならない。まだ味としては固いが、なかなか美味しい出汁になっていると思う。

問題は、繊細につくった出汁を使っても、現在のニューヨーカーの味覚では、お吸い物はそのままお出ししても受けないという点だ。必ず何かの具材を使って「すりながし」にするのがポイントになる。トウモロコシ、グリンピース、そら豆、アスパラガス等々。いずれはお椀もクリアなものを出していきたいとは思うが、現状でのニューヨーカーの味覚は、「すりながし」を必要とする段階なのだ。

昆布と鰹節以外のウマミのもととしては、トマト・ウォーターを出汁のかわりに使うこともある。湯剝きしてピュレ状にしたトマトを布巾でくるんで一晩吊るしておくと、ポタリポタリと透明なトマト・ウォーターが滴り落ちる。爽やかなトマトの風味と香りがあり、グルタミン酸が豊富で美味しい。

例えば三杯酢の出汁の代わりにトマト・ウォーターを使うと、その酸味と香りを生かすことができる。殻ごと網焼きにしたロブスターとウニをあわせた料理の場合、鰹節の出汁だとウニの味と喧嘩をしてしまうが、トマト・ウォーターのジュレをポン酢のジュレと一緒に添えると、ロブスターやウニの味を引き出しながら、爽やかさも加わる。夏の涼やかな料理にはぴったりだ。一番の難問は焼き物だった。ギンダラ、カサゴなど、アメリカで獲れる魚は水分も油分も多い。日本では魚に塩を当てたり、西京漬けなどのように味噌に漬けてその香りをつけたりしながら、魚特有の臭いと余分な水分を取って焼き、しっとりかつ凝縮した味わいを楽しむものだ。ところがアメリカ人は、この状態だと単なるぱさぱさな魚としかみてくれない。ジューシーでなければとばかりに、残してしまう。

そこで、和食の技術に忠実に、しかもアメリカ人に美味しいと思ってもらえるように私たちが考え出したのが、魚の臭いのする水分はしっかり抜いた上で、しっとり感を出すためにトマト・ウォーターに漬け込んで水分を補ってからみそ漬けにし、低温で加熱して味噌の香りを生かしながら焼き上げる方法だ。この調理法が完成してから、どのお客様も焼き魚を完食してくれるようになった。

焼き物としては、魚と共に肉も出す。最後の食事（ご飯物）に向かって静かに終わっていくのが懐石料理の流れだが、西洋料理のコースに馴染んだニューヨーカーは、やはりクライマックスに肉料理を必要とする。『ブラッシュストローク』では、焙じ茶の香りをつけた鴨を低温調理して柔らかく火を通し、さらに焙じ茶の香りをつけたオイルをかけた料理が人気だ。

　お造りも、完全にニューヨーカーの人気料理になっている。

　これは、もう二〇～三〇年は続いている寿司ブームの影響だろう。彼らが白身魚のお造りを抵抗なく食べられるようになったというのが、味覚の最大の変化だ。

　寿司に慣れているお客様は、光り物やタコ、イカも食べる。要するに日本人が好むものなら、何を出しても問題なく食べるのだ。今や来店するお客様が最も楽しみにしている料理の一つといっていい。

　ただし、お造りは寿司よりも鮮度がよくないと食べてもらえない。彼らは鮮度にはすごく煩《うるさ》い。また、日本人が考える白身魚の味や歯ごたえをそのまま提供したいと思っても、食材の違いから必ずしも理想通りにいかないこともある。

　そうであれば、魚は和え物にして出せばいいと私は提案している。昆布じめにして、甲殻類のように三杯酢で和えるとか、紫蘇《しそ》や茗荷《みょうが》と一緒に和えるとかすればいい。お造りにこだわって、魚の鮮度と醤油だけでストレートに勝負するのではなく、できあがったうまみで食べさせることによって、お造りに新しい価値観を加えることができる。ニユーヨーカーのストライクゾーンに投げる球は直球だけでなく、変化球であってもいいのだから。

ブーレイさんと私が掲げたコンセプトは確かに「オーセンティシティ」（本物）だったが、外国人に日本人にとっての本物を押し通しても、その味覚が届かないことがある。かといって、外国人の味覚だけを考えて料理をつくり、日本の料理技術の本質を見失うと、和食の枠から外れてしまう。

あくまでも譲れない一線を守りながら、妥協も知ること。

それが、『ブラッシュストローク』で日々お客様を相手に料理をつくる中から学んだことだ。

目の前のお客様の反応がよくないときにそれを肌で感じながら料理をつくるのは、とてもつらいことだ。とはいえ、そこで異文化の壁にぶつかって「変換」を余儀なくされるからこそ、次の一歩が踏み出せる。それに対するお客様の答えも、またすぐに返ってくる。それこそが私が当校の教員に体験してもらいたいと思った、「和食の革新」に繋がる変換の現場なのだ。

## 批評家はどう見たか

現在の店の料理がどのように評価されているか。ニューヨークのマスメディアの批評からみてみよう。

「ブーレイ氏とパートナーの辻調グループのタッグは、メニューを完成させるために数千時間に及ぶ研究と試作を重ねた。重要なのは芸術であり、熟練の技を示すことだった。結果はそれに忠実に、的を射たものになっている」

二〇一一年七月一二日付のニューヨークタイムズ紙に、評論家のサム・シフトン氏がこう書いている。その批評を抜粋すると、

「『ブラッシュストローク』が提供する料理は、懐石料理と呼ばれる『日本のオート・キュイジーヌ』だ。一連の料理は、様々な食材の味や見た目、テクスチャー、色、温度の調和がとれている。季節感が強調され、一幅の絵画のように盛りつけられる。それは、和食の理論的進化、及び洗練の証である」

「蛤の香りのする椀ものに浮かぶ帆立貝とロブスターの一口大の真薯《しんじょ》。和食の土台というべき昆布と鰹節ベースの出汁に、蛤のエキスと焙ったロブスターの小ぶりの身のスモーキーさが加わり、味を引き立てている。まるで宝石箱のようだ」

「ゴマ風味に漬け込んで焼いた銀鱈と海胆《うに》にかけた粉末状のピスタチオとクレソンのソース。巨大な牡蠣を一口大に切り、梅ゼリーと緑の海草と一緒に殻に盛り込んだ料理にはストーリー性が感じられる」

「茶碗蒸しの蓋を開けると官能的な黒トリュフの香りがたちのぼり、その奥からはイチョウガニの磯の香りが漂う。口の中で初めてそれらが合わさって、限りなく拡がっていく」

「グリルした鴨とナスのサラダの味噌マスタードドレッシングは完璧。東洋の食材を用いてフランス料理的な豊かで濃密な味わいを生み出している。異文化の見事な融合だ」

「驚くほど柔らかい和牛のステーキに、舌が痺れる鮮烈な山椒とニンニクのソースをそえたものと、さっと表面を焼いた和牛のたたきに柑橘系のポン酢ソースをそえた一品も魅力的」

「最後のご飯ものもチョイスできる。ご飯の上に刺身と他の具がのった『ちらし』か、軽く味付けした生のまぐろと出汁で炊いたご飯の組み合わせ。とりわけ人気なのは、イチョウガニかロブスターをご飯と一緒に土鍋で炊き、イクラを散らした炊き込みご飯。ブラックタイ着用の夜会のメニューというよりも、ちょっと意表をついた感じの、トレーナー姿で寛いで食べたい料理といったところだ」

「デザートは、豆乳のパンナコッタ、ライチと日本酒風味のシャーベット・蜂蜜パウダー添え。それに合わせた焙じ茶のサービスまで、途切れることはない」

これらのメニューを、八品コース八五ドル、一〇品コース一三五ドルで揃えている。その他、ヴェジタリアン向けのコースもあって、ほぼ毎日注文がある。

全ての食材は、可能な限りニューヨークの市場で手に入るものを使い、日本から輸入するのは出汁に使う昆布、鰹節や海苔のような乾物と、足の速くない一部の魚、味噌、醬油、酒などの調味料のみ。そうすることで、この値段でこの質感を実現している。

二〇一三年現在、店は三年目を迎えて、経営的には安定してきた。店名でお客さんも取れるようになり、顧客がついたということだろう。

営業的には、夜二回転出来るようになった。けれど、八五ドルと一三五ドルという今の価格設定では、料理のレベルを飛躍的にあげることは困難だ。

この先の二年間は、料理の質をさらに高めるための模索をしていきたい。もっといい食材を使い、私たちが求めるレベルで料理を提供していきたい。そうすることによって店のグレードもあがるし、「異文化で本物の懐石料理を」という目標にも近づくことができるのだ。

そのためには経営の観点からはケータリング・サービスを開始したり、ランチ営業をすることも今後の課題だ。プライベート感を出すために店内に仕切りをつくる必要もある。

店の環境面から言えば、トライベッカに近いグラウンドゼロに、一日も早く一万人のビジネスマンが戻ってくることが必須となる。それにはあと三年かかると言われているが。

ただし現状では、トライベッカに活気が戻っても、席数が五六しかなく調理場は山田君と当校から出向した技術教員二名、それに韓国人やメキシコ人などのスタッフの計八人しかいない。この状況では理想の実現は難しく、このプロジェクトは前に進めない。三年間我慢するのか、自らブレイクスルーを見いだすのか。そこが問題だと私は思っている。

## 寿司を出さないというチャレンジ

この二年半での最大の決断は、コース料理の中で寿司を出さなくしたことだろうか。寿司、ことに江戸前のにぎり寿司は、異文化の中の和食においてはシンボルのような存在だ。たいていの外国人は、寿司から和食に馴染んでいく。健康食としても、圧倒的な人気を誇っている。

そのため、コースの中の選択肢に入れておくと、当然のように最後の食事は寿司で、という人が圧倒的になって、それしか注文が来なくなってしまうのだ。

ところが私たちのテーマは、あくまでもオーセンティックな和食をいかに外国人の味覚に合わせて提供するかなのだから、お寿司が主役になってしまうことは問題だ。いくら売上があがるメニューだとしても、である。

ブーレイさんもその意見に賛同してくれて、寿司はコースから外し、入り口近くのウエイティングバーを改造したカウンターだけで出そうと言ってきた。以前からマンハッタンで有名だった『いちむら』という店を経営していた優秀な寿司職人、市村栄司さんをよび寄せ、懐石料理とは分けて独立させようと提案してきたのだ。私もこれには大賛成だった。

できあがったのは、わずか八席のカウンターと四席のテーブル席のみの寿司コーナーだった。当初は表に看板も出さなかったので「誰も知らない自分だけの特別な寿司店」とメディアに書かれたりしたが、わずか三カ月程度の間に、その寿司の美味しさは口コミで広まった。

板前の市村さんは、前の店からずっとその寿司を目指して通う顧客を持つ職人だった。ニューヨーカーも、いまでは「あの店の寿司が食べたい」というより、「あの職人の寿司が食べたい」と志向する時代になったのだ。市村さんは、そういうファンを持つ職人で、いまでは一カ月先の予約まで埋まっている。

客単価は一三〇ドル。ネタは、日本からの輸入とニューヨークの市場に出ているものが半分ずつ。すっかり、ニューヨーク有数の人気寿司店になった。

## サービスの向上

次のビジョンへ向けて、リピート客を確保するためには、やはりサービスのさらなる向上も不可欠である。

異文化の中でしっかりした懐石料理の店を続けていくためには、お客様が食べものに対して真摯に向き合えるような環境と、それに合ったサービス。それらが全てそろわないと、料理だけレベルを高くしても成立しない。

サービスと空間。そのレベルを上げるためには、レストラン文化が成熟しなければならない。和食（日本料理）を啓蒙していく店のコンセプトとして、それも一つの必須課題だと思っている。

お客様が料理と真正面から向き合い、料理に集中してもらうためには、ある程度プライバシーが約束された空間を提供する必要がある。テーブルに向かって座った瞬間に、お客様の中で自分だけの世界にいる、と感じさせなければならない。そこで初めてレベルの高い料理を提供できる。衝立《ついたて》や生け花だけでなく、ニューヨークならではの（日本の和食店では到底考えられないような）音楽や照明の効果も考慮する。

また、カウンターは一種のステージといえる。だから、料理人たちはそのステージで最後の仕上げの仕事をみせないといけない。現状では、調理場の構造と動線の問題により、シェフが奥で仕事をせざるをえない。つまり、舞台はあるけれども誰もそこに立っていない状態なのだ。カウンターで魅力的な仕事を披露できるような調理場の改造も必要だろう。

## 異文化に発信する難しさ

こうして『ブラッシュストローク』の開店から二年以上たったが、和食を異文化に向けて「発信」することの難しさは、このプロジェクトを始めるにあたって、学校内でコンセンサスを得るまでの経過にも象徴される。

開店前の段階で、私は日本料理の技術教員を集めて、東京と大阪で「なぜこのプロジェクトをするのか」という説明会を開いた。最初はとまどい、プロジェクトの趣旨に違和感を覚える教員も多かったようだ。「なんでいまどきこんなことをするのか？」と、訝《いぶか》る人も少なくなかった。それは、これまで国内で生きてきた和食の料理文化の姿そのものでもあったのだ。

言うまでもなくこの店は、プロの料理人を育てる教育機関である当校がレストランの運営に関わる、いわば産学協同プロジェクトだ。今後の教育の方向性を考えていく上でも、非常に重要な研究課題がここにあると私は考えている。レストランをビジネスとして成立させるための仕組みと方法論、そして料理技術を異文化の味覚に適応させて変換する作業を研究するのに、最も有効な場と考えるからだ。

当校の技術教員は、これまでもヨーロッパや香港などのレストラン、製菓店で研修し技術を磨いてきた異文化体験を有する者が少なくない。しかし教育者（機関）といえども、技術の鍛練のみを目的とするばかりでなく、レストランビジネスという大きな視点を持って異文化の現場で研鑽を積むことが大切だ。そこで習得したものを、たとえばマネジメントのケーススタディとして学生たちに還元することは、大きな意味があると思う。

また、異文化における料理の変換作業は、これまでフランス料理やイタリア料理界では当たり前に行われてきたことだった。しかし日本料理においては、そのためのノウハウが開発されてきていなかった。今後、日本料理を海外に発信していくためには、そういう方法論を身につけた技術者、職人を育てることが欠かせない。

嬉しいことに、プロジェクト開始前には懐疑的だった教員たちも、今年の夏に山田君が帰国したタイミングでプロジェクトの経過報告会を開いたところ、日本料理の技術教員がほぼ全員集まり、興味深そうに山田君たちの話を聞いてくれた。料理のプロフェッショナルとして、和食が本当に異文化で受け入れられるのかという興味もあったのだろう。予定していた時間が足りなくなるくらい、熱心なディスカッションも行われた。料理のプロフェッショナルたちが「これからの和食は日本人のためだけにつくるものではないんだ」と考えるきっかけになったとしたら、この試みは成功だったと言える。

日本料理を「変換」させる必要があるのか、と思う人もいるかもしれない。しかし、日本人による日本人のための和食という概念に捉われている限り、技術は進化・深化していかないのではないだろうか。異文化と真摯に向き合っての「変換」は、和食の技術者が考えてもよい、和食の技術革新の有効な方法の一つだ。

和食は日本人のためだけにつくるものではない。異文化の中でも和食は表現できる。そしてそのために一番欠けているのが、多面性・多様性を持った教育だと私は考えている。

伝統と革新の中で生まれた和食の技術を、柔軟性をもって異文化に向けて発信すること。そしてグローバルな視点から和食を見つめ直すこと。和食をキャリアとして選ぶ若者たちが、世界を舞台に活躍できるような技術者に育っていくこと。それが教育者としての、私の大きな夢の一つだ。

## 揺らぎを楽しむチームワーク

嬉しいのは、現在の『ブラッシュストローク』において、とてもいいチームワークが実現できていることだ。ブーレイさんは本店（『ブーレイ』）と同じように頻繁に顔を出し、「この料理はこうしたほうがいい」などと具体的なアドバイスを出す。すると山田君がその料理をつくってみる。そこに私がいれば、それを食べて「もっとこうしなさい」とか「この食材をこう変えたらどうだろう」と提案する。そういう作業の中で、一皿一皿の料理も、店全体のしつらえも、サービスも、徐々にレベルアップしている。

例えば、その作業から生まれた人気メニューの一つに「トリュフの茶碗蒸し」がある。もともとブーレイさんは茶碗蒸しが大好きで、「これにトリュフを入れよう」と言い出した。そこで山田君は、トリュフのジュレを掛けて試作。そのときはカロリーを考えて豆乳で茶碗蒸しのベースをつくったのだが、豆乳との組み合わせだと淡泊過ぎる。そこで、「ちゃんとした卵の茶碗蒸しにしなさい」と私が修正を加えた。アメリカの卵は日本の卵のように香りが出ない。だから、トリュフとの相性を良くするためには餌の配合から変えてみる必要があった。

もちろん、トリュフの茶碗蒸しは、和食の職人にとっては邪道ともいえる組み合わせだ。けれど、私たちはすでに学んでいる。作り手もお客様に近づき、お客様も作り手に近づいて、ぎりぎりのところで妥協することが必要だということを。

どこまでがジャパンで、どこからがアメリカなのか。その格闘が今も、日々続いているのだ。

このように、ブーレイさんが発信し、山田君がつくり、私が確認して微調整する。そのチームワークのもとで、一つ一つの味をつくり上げている。アメリカのお客様に対して料理をつくり続けると、ともすれば味覚はどんどんアメリカ寄りになって行く。そうならないように、常に私たちは確認作業をする。結果として、互いのいい点を引き出すことができる。ブーレイさんも私も、そういう揺らぎを楽しんでいるのである。

# あとがき

「あることを本当に知ろうと思ったら、それについて本を一冊書くことだ」

イギリス人の言葉らしいが、父・辻静雄がよく口にしていたのを覚えている。

一二歳から二七歳まで海外で暮らした私が、和食のことを、日本の食の歴史と文化のことを、一冊の本に著したいと思ったのは、まさにこの言葉に導かれてのことだったのかもしれない。

一九六〇年、辻調理師専門学校が設立された頃の日本は四年後に東京オリンピックをひかえ、戦後からの完全な復興、国際社会への再デビューに向けて国中が沸き立っていた。そんな時代のなかで、辻調グループでは、本物のフランス料理、イタリア料理、そして中国料理を日本に紹介し、根付かせようと努力していた。

その後、一九八〇年にフランス・リヨン近郊に辻調グループフランス校を設立し、現地の食材を使って、本場の調理技術と食習慣をはじめとする食文化を学ぶための理想的な環境をつくった。フランス校で学んだあと、フランス各地のレストラン、製菓店で実地研修して、帰国後、業界に巣立っていった卒業生は六〇〇〇人をこえる。

そして二一世紀。現在の辻調グループの教員たちは、韓国やタイに出かけて行って、日本料理、フランス料理、イタリア料理、製菓・製パンを教える時代になった。と同時に、この四、五年で三倍ほどに急増している留学生たち。アジア圏から、遠くヨーロッパ、アメリカから、若者たちが日本に料理や製菓を学びに来る、そんな時代になった。

辻調理師専門学校の上級校にあたる辻調理技術研究所の日本料理研究課程で学ぶ、韓国からの留学生と一緒に授業の一環で懐石料理を食べていたときのこと。同研究所ではレストラン・シミュレーション形式の授業で、学生たちが「料理をつくる班」「接客サービス班」「客として食べて評価する班」に分かれ、料理をつくるだけではなく相互評価する。ここで彼は、出された「八寸」を前にして、じっと見つめて箸を取ろうとしない。どうしたのか尋ねると、「校長先生、この八寸の盛り付け、空間が、『間』が、空き過ぎていませんか」と言うのだ。

本格的に日本料理を学び始めてまだ二年目に入ったばかりの彼が、出された八寸の盛り付けが微妙に間延びしている、と指摘したのだ。

単にテクニックとしての「盛り付け」を学ぶのではない、懐石における盛り付けのデザイン、構図に対して示した彼の感性に、私は舌を巻いた。表面的な調理技術だけではなく、こうした感性のレベルで、日本料理が表現しようとしている世界に、彼が確実に触れている。私はそのときそう思った。

こうした留学生たちの真摯な学ぶ姿勢にふれるたび、当校の創設者・辻静雄をはじめ教員たちが必死になって外国の料理を、技術だけではなくその背景にある食文化までも学びとろうとした姿と、私には重なって見えるのである。

和食の素晴らしさ、日本の食文化の奥深さを留学生たちになんとか伝えたい。異文化のなかで育ってきた彼らに、この国の食文化の豊かさを体験してほしい。ただ、それは上から教えてやろうという態度であってはいけない。「教育」ということに対して、私たちは、どこまでも謙虚でなければならない。異文化からやって来てくれた彼らに伝え、教えることによって、私たち日本人が学びとることも大きいはずである。

二〇二〇年、二回目の東京オリンピックが開催される。クールジャパンが世界でブームになり、文字通り世界各地で若者たちが日本の漫画、アニメ、ファッションに夢中になっているそうだ。その彼らが同じように日本の食文化の多様で豊かな食卓を目指してくれたら、これから同じ地球人として、お互いの文化を尊重しあいながら、日本の「食卓」が、多文化共生社会のモデルを示せたら、こんな素敵なことはないだろう。

そんな夢のような景色を実現させるために、私たちには課題もたくさんあるだろう。イベントとしての和食を世界に広める段階はすでに終わっている。むしろこれから重要になってくるのは、継続的な教育のはずだ。

当校では、外務省の委託を受け一九九三年より二〇年にわたってタイ・バンコクで公邸料理人（世界各地にある日本大使館の大使公邸で日本料理を提供する専任の料理人）を育成するプログラムに取り組み、タイの料理人に一定期間、技術指導するだけではなく、大使公邸赴任後にも巡回指導するという継続的な「教育」システムを構築してきた。また、その経験を生かし、タイのデュシタニ・カレッジと連携して日本料理講座を開設し、海外での本格的な日本料理教育の第一歩を踏み出したところである。

このたび和食がユネスコの無形文化遺産に登録される見通しとなったことは、登録に向けて微力ながらお手伝いさせて頂いた者として、誠に嬉しいことだ。ただ、その一方で、世界に向けて日本の食文化を「守る」と公約したことの責任の重さに身のひきしまる思いがする。日本のなかに揺るぎない食文化があることは事実である。問題は、日本の食文化の未来をどんなふうにデザインしていくのかということだ。

登録そのものを一過性のイベントで終わらせてはいけない。むしろ、継続的な食文化の継承と発展のために、それぞれができることを、それぞれの責任において担っていく必要があるはずだ。

多くの識者が指摘する通り、二一世紀の最大の課題のひとつは食糧問題である。人間は文化として食の世界を築き上げることができるが、その世界をリアルに支える食材をどう持続可能な形で生み出していくのか。和食文化は確かに素晴らしい。ただ、それを支えている生産の現場が疲弊し、場合によっては消滅の危機にさらされている。この難問に「食文化」を支える私たちも立ち向かわなくてはいけないはずだ。

料理をする人間はその高い技術を生かして、食材の素晴らしさや食材をつくり上げた農業や漁業、そしてさまざまな加工技術の素晴らしさを、多くの人に伝えることのできるメッセンジャーであり、オピニオンリーダーでなくてはならない。そうした社会的な責務を担える若者たちを、日本で、世界で、私たちは育てていきたい。

今回、日本の食文化の専門の研究者ではない私が和食の「過去、現在、未来」を記した本書に取り組むにあたって、大勢の方々にお世話になった。とくに、日本の食文化に対する大きな歴史観をご教示いただいた国士舘大学の原田信男先生には、お忙しいなか貴重なお時間を割いていただいた。この場を借りて、あらためて御礼申し上げます。

また、本書のための取材に快く応じてくださった成澤由浩さん、中東久雄さん、石田廣義さん、吉村良和さん、藤田怜美さんに、感謝いたします。

様々な方々の助けを借りながら出来上がった本書に、誤り、瑕疵があったとしたら、もちろん、すべての責任は私にある。また日本の食文化を考える上で、各地に残る郷土料理や産物の重要性や、社会問題としての食生活、食卓の現状も欠かすことのできないテーマだが、紙幅の制約もあり、本書では扱うことができなかった。今後の課題としたい。日本の食文化についてここで述べたことに対して、疑問や違った考えをお持ちになる読者もいらっしゃると思う。いつか機会を設けて、そういう方々と「和食の世界」をじっくり議論しあうことができればこれほど嬉しいことはありません。

最後にこの本を書き上げるにあたって、取材・構成の面で常に傍らで伴走していただいた神山典士さんには、本当にお世話になりました。また、新潮社の方々からはたくさんの有益なご指摘をいただきました。ありがとうございました。

また、企画段階から力強いバックアップをしてくれた辻調グループ企画部の小山伸二さん、辻静雄料理教育研究所の八木尚子さんにも感謝します。

二〇一三年一一月

辻　芳樹

## ●主要参考文献

『江戸の食生活』原田信男（岩波現代文庫）
『和食と日本文化　日本料理の社会史』原田信男（小学館）
『日本人はなにを食べてきたか』原田信男（角川ソフィア文庫）
『料理百珍集』原田信男：校註・解説（八坂書房）
『日本中世の非農業民と天皇』網野善彦（岩波書店）
『近世風俗志―守貞謾稿』（1巻）（5巻）喜田川守貞／宇佐美英機：校訂（岩波文庫）
『すしの本』篠田統（柴田書店）
『南方録を読む』熊倉功夫（淡交社）
『韓国の食』黄慧性＋石毛直道（平凡社）
『吉兆料理花伝』湯木貞一＋辻静雄（新潮社）
『辻静雄著作集』辻静雄（新潮社）
『料理に「究極」なし』辻静雄（文藝春秋）
『Japanese cooking：A simple art』辻静雄（講談社インターナショナル）
『大阪食文化大全』笹井良隆（浪速魚菜の会）：編著（西日本出版社）
『江戸の旅文化』神崎宣武（岩波新書）

『観光都市 江戸の誕生』安藤優一郎（新潮新書）
『茶の湯の歴史 千利休まで』熊倉功夫（朝日選書）
『逝きし世の面影』渡辺京二（平凡社ライブラリー）
『昆布と日本人』奥井隆（日経プレミアシリーズ）
『日本料理史考』中澤正（柴田書店）
『全集 世界の食料 世界の農村 24アジア漁業の発展と日本』廣吉勝治ほか（農山漁村文化協会）
『巨大都市江戸が和食をつくった』渡辺善次郎（農山漁村文化協会）
『農耕社会の成立 シリーズ日本古代史①』石川日出志（岩波新書）
『近世「食い倒れ」考』渡邊忠司（東方出版）

辻 芳樹　1964(昭和39)年大阪生まれ。1993年に、父・辻静雄の跡を継ぎ、辻調理師専門学校校長、辻調グループ代表に就任。著書に『美食のテクノロジー』『美食進化論』(共著) 等。

Ⓢ新潮新書

550

和食《わしょく》の知《し》られざる世界《せかい》

著　者　辻《つじ》　芳樹《よしき》

2013年12月20日　発行

発行者　佐藤隆信

発行所　株式会社新潮社

〒162-8711　東京都新宿区矢来町71番地
編集部(03)3266-5430　読者係(03)3266-5111
http://www.shinchosha.co.jp

印刷所　二光印刷株式会社

製本所　株式会社大進堂



ISBN978-4-10-610550-0　C0263

価格はカバーに表示してあります。